行政应急原理与实践研究

郜海波◎著

文化发展出版社
北 京

图书在版编目（CIP）数据

行政应急原理与实践研究 / 郜海波著. — 北京：
文化发展出版社，2023.12
ISBN 978-7-5142-4258-4

Ⅰ. ①行… Ⅱ. ①郜… Ⅲ. ①行政法－研究－中国
Ⅳ. ①D922.104

中国国家版本馆CIP数据核字(2024)第024465号

行政应急原理与实践研究

著　　者　郜海波

出 版 人：宋　娜
责任编辑：袁兆英
责任校对：岳智勇
责任印制：陈　雪
出版发行：文化发展出版社（北京市翠微路 2 号　邮编：100036）
发行电话：010-88275993　010-88275711
网　　址：www.wenhuafazhan.com
经　　销：全国新华书店
印　　刷：北京四海锦诚印刷技术有限公司

开　　本：787mm × 1092mm　1/16
印　　张：11
字　　数：210千字
版　　次：2023 年 12 月第 1 版
印　　次：2023 年 12 月第 1 次印刷

定　　价：68.00 元
I S B N：978-7-5142-4258-4

前　言

随着社会的不断发展和变化，各种突发事件如自然灾害、公共卫生危机、安全事故等频繁发生，给国家经济和人民生命财产带来了严重威胁。在这样的大背景下，行政应急管理显得尤为重要。行政应急管理作为一项重要的治理体系和能力建设，对于提高国家的抗风险和复原能力，保障人民生命安全和财产安全，促进社会稳定和可持续发展具有重大意义。

本书围绕“行政应急原理与实践研究”主题展开，深入剖析了行政应急的基本知识、行政应急性原则的价值与完善、行政应急管理体制的建构研究、安全事故的应急救援研究、自然灾害的应急管理研究以及突发公共卫生事件的应急管理研究等方面。通过详细阐述相关概念、主体、对象、过程和原则，本书旨在帮助读者全面了解行政应急的基本理论与实践。同时，本书注重理论与实践的结合，分析了我国行政应急管理体制的特点和建构策略，探讨了安全事故、自然灾害和突发公共卫生事件等具体场景下的应急管理措施。本书对于提高行政应急管理工作水平和应对突发事件具有重要意义，是一本兼具学术价值和实用性的参考书籍。无论是从事行政管理工作的专业人士，还是对应急管理感兴趣的社会公众，都可以阅读本书，以增强应急意识和应对能力。

本书在写作过程中参考和借鉴了相关国内外行政应急管理方面的书籍和文献，在此向相关作者表示衷心的感谢！由于时间仓促，书中难免存在疏漏与不妥之处，还请广大读者不吝指教，以便本书日后的修改与完善。

目　录

第一章　行政应急的基本知识

第一节　相关概念的界定

一、行政相关概念的理论学说

“行政”这一用语在政治学、行政学、行政法学等以及人们的日常生活中被广泛使用。对于该用语，人们从不同的角度赋予其不同的含义。但行政法学上的“行政”概念与其他学科并不完全相同，而具有行政法上的特殊意义。在行政法学中，有关行政的概念大致可分为消极说与积极说，其中的积极说又可分为实质说以及形式说。

（一）消极说理论

面对着行政概念的复杂性，消极说干脆放弃对行政概念的正面描述，采用消极地将国家作用中非行政的部分予以排除的方式界定行政的概念。

1. 消极说的主要观点

消极说以“三权分立”理论为基础，认为行政权是从国家权力中排除立法权与司法权的部分，行政是指国家作用中除了立法、司法之外的事项，又被称为“控除说”“排除说”“除外说”“蒸馏说”等。

鉴于行政的复杂性、多样性以及易变性，消极说认为不可能也没有必要明确行政的内容，而且明确行政的实质性内容往往容易导致过度地承认行政的法律特殊性，因此采用首先定义国家权力中较为明确的“立法”与“司法”的概念，进而以“行政权=国家权力-立法权-司法权”的公式计算得出行政的范围，并以此作为行政的定义。

2. 消极说存在的问题

现代行政复杂多样，因此界定行政的内容变得极为困难。从这种意义上来看，以消极说作为行政的定义是较为便利的方法，不仅可以毫无遗漏地概括行政的范围，而且可以适应现代行政不断变革的需要。可以说，现在大多数的行政法理论依据该学说来定义行政的概念。

但消极说也存在一定的问题：首先，从积极说的观点来看，消极说并没有从正面定义行政的概念，“行政权=国家权力-立法权-司法权”的公式虽然勉强可以说界定了行政的外延，但并没有明确行政的内涵，因此，消极说并非真正意义上的“定义”。其次，消极说与“三权分立”原则在近代欧洲确立的历史过程相一致，该观点最适合于定义从封建社会国家向近代资本主义国家发展、“三权分立”原则确立初期的行政的概念。当时，“三权”之间的界限清晰，而且，行政权在内容方面也被限定于维持秩序等“消极行政”领域，行政的范围比较容易界定。但随着现代行政职能的不断扩大，行政同时兼有立法（行政立法）与司法（行政调解、行政裁决、行政复议等）的部分功能，“三权”之间呈现融合趋势，行政与立法、司法之间的区别也出现了相对化。在这种时代背景之下，以消极说来界定行政的概念并不妥当。

（二）积极说理论

与消极说回避对于行政的正面描述相对，积极说从正面对行政概念进行定义。根据定义的角度的不同，积极说又可分为形式说和实质说。形式说侧重于从行政活动的主体的角度出发定义行政的概念，而实质说则着眼于行政内容的实质来定义行政的概念。

1. 形式说

（1）形式说的主要观点。形式说从国家统治结构的角度出发，认为近现代的国家机关根据职能的不同可以分为立法机关、行政机关、司法机关，各机关各司其职，其中行政机关所进行的活动就是行政。因此，可以将行政定义为“行政机关所进行的活动”，这又被称为“形式意义上”或“组织意义上”的行政概念。

（2）形式说存在的问题。形式说以国家机关为标准定义行政的概念，在现实中简便易行、直观易懂。但问题在于行政机关所进行的活动并非都属于行政的范围。例如，行政立法具有立法性质，行政裁判和行政复议具有司法性质等，而且，即使是立法机关、司法机关，在进行内部管理时也属于实质意义上的行政。此外，随着现代行政的发展，进行行政活动的主体并不限于传统意义上的国家行政机关，而扩展到具有行政管理职能的公共组织或社会团体，如公立高校、各种职业协会或行业组织等。而形式说将这些实质意义上属于行政范畴的活动都排除于行政概念之外，并不符合行政的现实情况。

2. 实质说

（1）实质说的主要观点。实质上以行政的实质意义为标准，试图通过概括行政的一般性特点来明确行政的内容，因此又被称为“实质意义上的行政概念”。例如，日本行政法学者田中二郎认为“行政是指在法之下受法的规制，为积极地实现国家目的全体统一的、连续的、形成性的国家作用。”[①] 其中“国家目的”是指“福利国家”，国家以极力振兴发展社会全体、提高人民福祉为目的。[②] 因此，这种实质说又被称为“国家目的实现说”。该定义中所谓的“在法之下受法的规制”是指，立法权以制定一般性的抽象的法作为其基本职能，行政权在立法权制定的法律之下活动。所谓“积极性”“连续性”“统一性”“形成性”的特点是针对司法权的被动性、消极性、独立性等特点而提出的。可见，实质上不仅从正面描述行政的一般特性，而且注重在与立法、司法相比较的基础上概括行政的特性。

此外，各学者也从不同的角度积极地定义行政的概念，由此形成了“原本或拟制事务说”“社会管理职能说”“公共事务处理说”“公共服务目的说”“目的实现说”“公益实现说”“现实实现说”等新的实质说。“原本或拟制事务说”认为，行政是指“原本的以及拟制的公共事务的管理或实施”，其中的“原本的公共事务”是指“在本质上自然具有公共性的事务，即与社会成员全体或大多数利害相关的被社会正当化的事务”；而“拟制的事务”是指“在政治过程中经过一次性的政策决定所拟制的公共事务”。[③]“社会管理职能说”认为，如果拆除现行法律制度的框架，行政在本质上并不属于国家作用，而是“社会管理职能”，而作为行政法对象的行政被认为是国家作用之一，这意味着社会管理职能向国家的集中。[④]“公共事务处理说”认为，行政是指与人民直接产生关系的、民事刑事司法以外的公共事务的处理[⑤]，该观点的特点在于并不将行政作为权力性行为，而是作为公共事务的处理或社会管理的活动。“公共服务目的说”认为，现代行政最终都是以为公民提供公共服务作为目的的作用，为了宪法理念的具体化，应当这样理解行政并构建行政法理论。[⑥] 此外，“目的实现说”认为“行政是积极实现国家目的的作用”，“公益实现说”认为“与司法是法律目的的作用相对，行政是公益目的的作用”，“现实实现说”认为“行政不仅仅是作出判断的行为，而且是现实、具体地实现国家目的的行为”[⑦]。

（2）实质说的问题。实质说从不同的视角积极地定义行政的概念，对于明确行政的特

① ［日］田中二郎. 行政法绘论［M］. 有斐阁，1957：22.

② ［日］田中二郎. 要说行政法新版［M］. 弘文堂，1972：4.

③ ［日］手岛孝. “行政概念の新构成”［J］. 九州大学法政研究，35（1）：43.

④ ［日］速藤博也. 行政法Ⅱ（各论）［M］. 有斐阁，1977：8.

⑤ ［日］小早川光郎. 行政法上Ⅰ［M］. 弘文堂，1993：14.

⑥ ［日］原田尚彦. 行政法要论［M］. 学阳书房，2005：11.

⑦ ［日］速藤博也. “行政法学の方法と対象について”［A］. 载雄川一郎等. 田中二郎先生古稀记念集公法の理论（下Ⅰ）［M］. 有斐阁，1976：1619.

性等具有重要意义。但问题在于现实的行政活动极其复杂多样，实质说中所概括的行政的一般特性并不能统一地说明所有行政的特征。例如，在上述田中二郎有关行政的定义中，以“积极性”“连续性”“统一性”“形成性”作为行政的特性也存在着以下问题：①行政权有时也通过行政立法或行政计划等抽象的一般性形式进行活动；②行政未必都具有“积极性”，例如，行政许可、行政裁决、行政复议等具有被动性，需要相对人的申请等行为才能够启动；③对于“形成性”，立法也具有通过法律的制定形成社会关系的积极作用；④对于“统一性”，行政活动有时也不受上级机关的指挥命令，统一性在各行政活动中也存在着某种程度的不同。可见，由于现实行政的复杂性，很难概括出适合于所有行政领域的特性。

（三）综合说

如上所述，消极说以及积极说中的形式说、实质说都各有优点，但也都存在着各自的问题。为了弥补这些学说的缺陷，有学者综合采用这些观点，尝试对行政提出综合性的定义。例如，德国学者斯特恩（K. Stern）首先从消极说入手，将行政的概念界定为国家作用中除了立法行政、政府行为、计划行政、军事国防行为以及司法等的剩余部分，然后从积极说的角度将行政定义为具有“执行权的机关及其所属特定权利的主体，在法律的约束之下，本于既定的目标，基于自我责任而以具体措施持续地处理公共任务者”。[①]

二、行政的定义

从以上对消极说、实质说、形式说的分析可见，各种有关行政的定义都存在着一定的问题，而仅仅从一种角度来定义行政都是失之偏颇的。为此，我们可以结合上述实质说与形式说来定义行政的概念。

结合实质说和形式说的观点来看，行政法学中的“行政”首先应当指国家行政机关的活动，它是国家行政机关为实现国家的目的和任务而行使的执行、指挥、组织、监督诸职能。但是行政法的行政又不能限于行政机关的活动，某些非行政机关的组织所为的活动也受行政法规则支配。所以，行政法学中的“行政”概念应当以形式意义上的行政为主体，以实质意义的行政为补充。

在这种原则的指导之下，我们可以对“行政”的概念进行如下定义，即行政法学中的行政是指国家行政机关等行政主体为积极实现公益目的，依法对国家事务和社会事务进行

---

① 翁岳生. 行政法（上）[M]. 北京：中国法制出版社，2002：7.

的组织、管理、决策、调控等活动。

该定义包括以下含义：①行政的主体是行政主体，以国家行政机关为主，此外还包括法律、法规授权的组织等，由此克服形式说的缺陷；②行政的目的是实现公共利益；③行政必须依法进行，在法律之下，受到法律的控制；④行政的内容包括对国家事务和社会事务进行的组织、管理、决策、调控等活动。

三、行政应急的概念和特征

行政应急是关于国家行政机关行使应急职权以控制和消除突发公共事件的制度。行政机关管理的行政事务，大体上可以分为正常社会状态下的行政事务和非常社会状态下的行政事务，行政应急是法律上为管理和控制非常状态下行政事务的制度。行政应急的基本特征是：①突然发生具有社会危害性的公共事件，对全国或者一定区域的国家、社会和公众的安全造成严重危害；②正常状态下的行政管理不足以控制和消除突发公共事件导致的社会危害，必须采取特别行政应急措施；③为维护国家、社会和公众的整体利益，公民个人将增加新的负担和接受必要的权利克减。

行政应急是我国改革开放时期法治建设的重要组成部分。《中华人民共和国宪法》中规定了国务院决定在个别省、自治区和直辖市的范围内部分地区进入紧急状态的职权。《戒严法》《防洪法》《防震减灾法》《安全生产法》等法律，《核电厂核事故应急管理条例》《突发公共卫生事件应急条例》等行政法规，对行政应急制度作出了规定。2018 年 3 月 11 日第十三届全国人民代表大会第一次会议通过的《中华人民共和国宪法修正案》修正。

四、行政应急法

顾名思义，即关于行政应急的法。一般来说，行政事务可以分为正常社会状态下的行政事务和非常社会状态下的行政事务，行政应急是为管理和控制非常社会状态下行政事务的各种措施和制度的总和。它包括三个组成部分，即行政应急主体、行政应急对象和行政应急过程。在法律层面上，行政应急法是关于国家行政机关和法律法规授权组织行使紧急权力以控制和消除突发事件的法律制度。其中，行政紧急权是行政应急法的核心内容。在这个意义上可以说，行政应急法是一部关于行政紧急权的行使及运行的法。那么，行政应急法意义上的行政应急主体是行政紧急权的掌握和运用者，即拥有行政紧急权的国家行政机关和法律法规授权组织；行政应急对象是行政应急主体行使权力所指向的客体，即突发事件；而行政应急过程则是指行政应急主体运用权力控制和消除突发事件所必须遵循或履行的法定时间和空间上的步骤和方式，是实现法律规定的权利和义务的必要条件。一般来说，它包括对突发事件的预防与应急准备、监测与预警、克服与消除及恢复等步骤。

第二节　行政应急的主体

一、行政应急主体的概念

行政应急主体是运用行政紧急权力的组织，具体包括国家行政机关和法律法规授权组织。一般来说，权力主体的表现形式有三种：一是群体化的权力主体。它是指由众多个体平等地组织国家机关，来承担国家权力；二是个体化的权力主体。它是指由个人组成的国家机关承担国家权力；三是两者结合式的权力主体。它是指一方面实行首长负责制，另一方面又有一定的合议制的会议形式作为基础。就行政应急主体的表现形式而言，主要是个体化的主体形式和群体化与个体化结合式的主体形式，单纯的群体化的主体形式比较罕见。这是因为，行政应急所要处理的事项，经常是非常急迫的危机，需要果断、坚决，以一种非程序化的方式作出，而由群体化的主体来决定，自然不易灵敏、及时地处理危机，也不利于责任的明确和落实。

二、行政应急主体的特征

与正常社会状态下的行政主体相比较，行政应急主体主要有以下特征：

（一）行政应急主体在行使宣告紧急状态权力时具有集中性和权威性

从世界主要宪政国家的宪法和法律规定来看，作为行政应急主体重要组成部分的行使宣告紧急状态的权力主体总是呈现出集中性和权威性的特点。如美国1976年的《紧急状态法》第2条规定，总统被授权宣告国家紧急状态。俄罗斯2001年《联邦紧急状态法》第4条规定，俄罗斯联邦总统发布命令宣布在俄罗斯联邦全境或个别地区实行紧急状态。法国1958年《宪法》第16条规定，如果共和国的制度，国家独立，领土完整或者国际义务的履行受到严重的、直接的威胁时，以及宪法上规定的公共权力机构的正常活动受到阻碍时，共和国总统在正式咨询总理、议会两院议长和宪法委员会后，根据形势采取必要的措施。然而，这种咨询并不具有法律效力，总统可以不予理会。波兰1992年《宪法》第37条第1款规定，如果国内安全面临威胁或者遇到自然灾害，总统可以在国内部分地区或全境实行紧急状态。需要强调的是，总统在作出决定之前无须考虑其他国家机关成员的意见。这种集中性和单一性的主体形式，也为一些宪法学者所支持。与集中性相联系，行使宣告紧急状态的权力的主体具有非常强的权威性。总统、内阁和总理，这些主体都处于国家机关的金字塔式的权力构造体系的最上端，甚至是顶点。而正常状态下的行使作出行政决定的权力主体，则呈现出多元性和分散化的特点。上至最高国家行政元首，下至基层政权都可以行使行政权力，其权威性自然不如行使行政紧急权力的主体。

（二）行政应急主体在具体行使紧急权职能时具有综合性和协调性

行政应急主体在具体行使紧急权职能时的综合性和协调性体现为，这些主体都已“囊括和涵盖了包括国家安全和危机的界定、预警、智囊参谋、决策和执行等机制和相应的部门”①。它们具有独立的、凌驾于单一国家职能部门和机构之上的特点，它们直接隶属于国家最高行政首脑，向其汇报工作，提出政策建议，并对其负责，以便保证政府各个职能部门之间的高效协同运作，避免相互扯皮、推诿和延误。② 这种具体行使行政紧急职能的综合性和协调性主体，在法治发达国家早已存在。如英国在 1904 年就建立了“帝国国家安全委员会”，成员包括首相、枢密院院长、陆军大臣、海军大臣等文职官员，还有海军司令、陆军总司令、陆海军情报部长等。法国则由总统领导，由外交、内政、国防、财政等部长组成的“最高国防委员会”。而俄罗斯在 1994 年成立紧急情况部，其内设机构包括人口与领土司、灾难预防司、部队司、国际合作司、放射物及其他灾害救济司、技术和管理司等。最有影响、最具特色的当数美国的联邦应急管理署。③

此外，一个国家的权力主体中，如果缺乏这种综合性和协调性的主体，则往往将很难有效应对突发事件。根据《中华人民共和国传染病防治法》（以下简称《传染病防治法》）第 5 条的规定：“各级人民政府领导传染病防治工作，县级以上人民政府制定传染病防治规划并组织实施，建立健全传染病防治的疾病预防控制、医疗救治和监督管理体系。”第 6 条规定：“国务院卫生行政部门主管全国传染病防治及其监督管理工作。县级以上地方人民政府卫生行政部门负责本行政区域内的传染病防治及其监督管理工作。县级以上人民政府其他部门在各自的职责范围内负责传染病防治工作。军队的传染病防治工作，依照本法和国家有关规定办理，由中国人民解放军卫生主管部门实施监督管理。”根据《传染病防治法》制定的《中华人民共和国传染病防治法实施办法》（以下简称《传染病

① 北京太平洋国际战略研究室. 应对危机——美国国家安全决策机制［M］. 北京：时事出版社，2001：前言.

② 薛澜等. 危机管理——转型期中国面临的挑战［M］. 北京：清华大学出版社，2003：115。

③ 李经中. 政府危机管理［M］. 北京：中国城市出版社，2003：82-83.

防治法实施办法》）第3条规定："各级政府卫生行政部门对传染病防治工作实施统一监督管理。"第4条规定："各级各类卫生防疫机构按照专业分工承担传染病监测管理的责任和范围，由省级政府卫生行政部门确定。铁路、交通、民航、厂（场）矿的卫生防疫机构，承担本系统传染病监测管理工作，并接受本系统上级卫生主管机构和省级政府卫生行政部门指定的卫生防疫机构的业务指导。"第5条规定："各级各类医疗保健机构承担传染病防治管理的责任和范围，由当地政府卫生行政部门确定。"根据《传染病防治法》及《传染病防治法实施办法》的规定，我国法定传染病防治的统一监督管理机构是"各级政府卫生部门"。具体又分为三种情况：一是各级各类"医疗防疫机构"；二是各级各类"医疗保健机构"；三是"解放军卫生主管部门"。这是一种分散性的、按照系统来分类管理的形式。

（三）对行政应急主体的工作人员具有特殊要求

从行政应急法上来讲，虽然行政应急主体是组织，因而讨论它的特点，就应当围绕组织这一角度展开。但是，由于仅仅从组织角度谈论行政应急主体的特点是不全面的，因此还需要分析具体行使紧急权力的工作人员的特点。这能丰富对行政应急主体特点的认识。与正常状态下的行政权力主体的工作人员相比，行政应急主体的工作人员中无论在职业道德和社会公德、专业知识、敬业精神，还是在工作能力、心理品质和创造力方面的要求都要高得多，特别是对工作能力提出了严格甚至是极为苛刻的要求，包括分析和解决问题能力、组织协调和领导管理能力、反应判断和应变能力以及计划预见能力等。这主要是因为，在危险情境下，行政应急主体的工作人员将面临更多和更大的压力，诸如对生命、价值和目标的严重威胁、重任在肩、恐惧失败、局面失控、情况迅速改变，难以把握、时间紧迫、信息不确定和集体的压力等。迈尔斯和霍卢沙就认为在面对危机情境或处理一些大型危机事件时，危机管理小组成员必须密切联系、精诚合作、众志成城，同时必须具有以下素质的人员构成：能承受压力和富有创造力的，非常熟悉组织管理工作、学识博大精深的，资深或掌握实权的。危机事件领导人的个人素质包括：有领导他人的意愿、情绪稳定、能够抵制得住压力、果断、控制危险发生、自信、谨慎持重；而个人能力则包括：领导能力、沟通技艺（总结和倾听）、委派、管理团队的能力、决策水平（在时间紧迫和压力下）、对情境进行评价的能力、计划和执行计划的能力、沉着镇静的风范和预见能力。

应当指出的是，对一个国家而言，行政应急主体的工作人员主要是国家公务员。常态下国家行政管理对国家公务员的能力和素质所提出的要求可能不像非常状态下那样苛刻，当真正的突发事件降临时，习惯于常态下工作和思维的公务员就必须在工作方法、决策方式等方面发生重要的转变，以便迅速和有效地应对突发事件，但是，突发事件处理能力和素质的提高，必须是在平时的训练和演习中获得的。突发事件管理的训练和演习至少有以下益处：可以使每个成员熟悉他们在突发事件中的任务和位置；增加对潜在突发事件的警惕性和处理突发事件的经验；打破原有的思维和管理方式，另外还可以更好地加强协调性。通过突发事件管理的训练和演习，使国家公务员获得应对突发事件的素质和能力，这正说明了行政应急的主体所具有的不同于常态下的行政权力主体的特点。

第三节　行政应急的对象

一、行政应急对象的概念——突发事件

行政应急对象是行政应急主体行使行政紧急权时所指向的客体。行政应急法以组织为主体，通过紧急权力的运行贯彻到现实中。但行政紧急权力贯彻到现实中并非抽象或空洞的，而是具体或实在的，也就是说，落实到具体的客体上来，这就是行政应急的对象。与正常状态下的行政事务的对象相比，行政应急的对象是突发事件。

对于突发事件，可以从内涵和外延两个方面加以界定。

（一）突发事件的内涵

就突发事件的内涵而言，可以将其理解为突然发生，危及全国、省、自治区、直辖市或者省、自治区、直辖市范围内部分地区的法律制度，国家、社会的安全与秩序，公民的生命和财产安全，具有高度不确定性的公共事件。它具有以下三个特点。

1. 发生的突发性

突发事件尽管也是由一系列细小事件所组成，也存在发生和发展的某种征兆，然而与常态下的事件相比，它的发生则往往突破政府和民众的意料和习惯性心理。许多突发事件发生的原因无法让人们在短时间内得知，其后的发展和影响范围也无法根据现有的经验加以判断，一切都在不断变化之中。它要求人们在相当有限的时间约束条件下作出决策，然而，人们所依据的信息有可能是不可靠或不完备的，应对突发事件所需的人力、设备也常常显得不充足。突发事件的“紧急决策”“物质严重缺乏”“时间严重缺乏”“人员严重缺乏”等外在体现足以证明突发事件的突发性。

2. 过程的不确定性

突发事件的爆发有其必然性，但在何时何地、采取何种方式、达到何种规模、造成何种影响却具有高度的或然性，以至于政府难以准确预测事件发生的时间、地点、强度和规模。如“基地”组织在发动“9·11”恐怖袭击之前，虽然美国的情报部门早已获得了“基地”组织将对其发动袭击的相关信息，但是“基地”组织会选择在哪一天、采用何种袭击方式、会对哪些目标进行袭击、会产生何种影响，则无法精确地确定。

3. 影响的社会性

突发事件所产生的社会后果具有一定的规模性，大到危及整个国家的统治秩序和政治稳定，小到影响国家的某一范围和地区内的社会安定、财产安全。它往往能对一个社会系统的基本价值和行为规则产生重大的威胁。

（二）突发事件的外延

从突发事件的外延而言，可以按照一定的标准，对其进行分类，这有助于进一步明确行政应急对象的特点，以便能够对不同的对象采取不同方式或强度的行政应急措施。

1. 根据突发事件的性质不同进行分类

根据突发事件的性质不同进行分类，它可以分为自然灾害、生物灾害、技术性事故、经济危机和社会冲突。

（1）自然灾害主要包括破坏性地震、洪水、环境灾害、海洋灾害、草原火灾、森林火灾、旱灾、突发性天气灾害等。

（2）生物灾害主要是公共卫生突发事件、重大动植物疫情等人类和动植物疫病。

（3）技术性事故主要包括核电厂辐射事故、矿山安全事故、工程建设重大质量安全事故、电信网络安全、民航运输安全、城市供水和供气安全、水库大坝安全、铁路运输安全、重大计算机系统故障、大面积停电等。

（4）经济危机主要包括资源、能源和生活必需品的严重短缺、金融信用危机和其他严重的经济失常。

（5）社会冲突主要包括骚乱、动乱、暴乱、叛乱、恐怖活动和其他重大社会冲突。

这种分类的意义是，根据突发事件的性质不同，可以采取不同种类的行政应急措施。

2. 以突发事件的影响范围进行分类

以突发事件的影响范围进行分类，它可以分为国际性、全国性和区域突发事件。

（1）国际性突发事件的影响范围涉及几个或诸多的国家和地区，如国与国之间的战争，跨国的刑事犯罪等。

（2）全国性突发事件的影响范围及于一个国家的主要的领土和人口。

（3）区域突发事件的影响范围仅限于一个国家的某些地区和人口。

本书的行政应急对象主要是国内和区域突发事件，但也会涉及国际性突发事件。这是因为，现代社会已经是一个高度开放的社会，人口、资源、信息流动性相当迅速，在一个主权国家内部发生的区域突发事件，如果处理得不及时、不科学，经常会蔓延到其他地区，从而成为全国性突发事件，有时甚至会突破本国的范围而扩散到其他国家，成为国际性突发事件。

3. 以引发突发事件的诱因进行分类

以引发突发事件的诱因进行分类，它可以分为人为突发事件、自然突发事件以及人为与自然交互作用的突发事件。

（1）人为突发事件，是指突发事件是由特定的人（包括组织和团体）通过有意识、有目的的行为所引发的。主要包括恐怖活动，大规模犯罪行为，各种类型的政变、动乱、骚乱和暴乱以及其他的社会冲突等。

（2）自然突发事件，是指突发事件是由不以人的主观意志为转移的自然力量所引发的。主要包括地震、洪水、地质、海啸和其他破坏性自然灾害，危害人类生命健康的疾病和其他严重生物灾害等。

（3）人为与自然交互作用的突发事件，是指引发突发事件的因素来自有意识和有目的的人的行为与不可抗拒的自然力量的结合，如生产安全事故、森林火灾事故。

人为突发事件与自然突发事件存在一定的区别。一般认为，由于人类对自然突发事件的认识、研究相对较早且较为深入，因而应对自然突发事件的行政管理机制较为成熟，行政机关能够比较准确地预测，突发事件发生后，政府也能够主动采取各种措施进行救济，从而把自然突发事件的损失降到最低程度。而人为突发事件的发生具有更多的偶然性和不确定性，因而具有更大的危害性。因此，人为突发事件应当成为政府处理的主要对象。需要指出的是，现代社会中引发因素不能简单地归结为人为因素或自然因素，往往是两者交互作用引起的。这就为突发事件危险的管理和应对提出了更高的要求。

4. 以突发事件的危险程度、影响范围和需要的政府控制能力的不同进行分类

以突发事件的危险程度、影响范围和需要的政府控制能力的不同进行分类，它可以分为重度、中度和轻度突发事件。

（1）重度突发事件是指对县级以上建制范围的行政区域构成特别严重的社会危害和威

胁，地方人民政府无法控制或者难以及时、公正处理，需要直接由国务院处理和控制的突发事件。主要包括战争、武装叛乱、分裂活动或者暴乱、动乱、骚乱、恐怖袭击以及其他严重威胁国家安全、主权独立的非正常事件。

（2）中度突发事件是指对县、不设区的市建制范围的行政区域构成严重社会危害，当地人民政府无法控制或者难以及时处理，需要由省、自治区、直辖市人民政府或者国务院部门处理和控制的突发事件。主要包括自然灾害、疫病、技术性事故和其他严重威胁人民的生命财产安全的非正常事件。

（3）轻度突发事件是指对乡、民族乡、镇建制范围的行政区域构成社会危害，县级人民政府或者上级政府机构无法控制或者难以及时处理，需要由省、自治区和直辖市人民政府部门处理和控制的突发事件。主要包括金融危机、能源危机以及其他引起严重经济动荡的非正常事件。当然，这种分类是相对的，轻度突发事件如果处理不及时也有可能演变为中度或重度突发事件。

将突发事件分为各个级别具有相当重要的意义。突发事件的级别不同，行政机关运用的紧急行政措施的强度就应当不同，公民、法人和其他组织的权利受到限制的程度也会不同，这是比例原则的基本要求。例如，在轻度突发事件中，行政机关可以采取的紧急措施主要是紧急财政和特别金融措施，价格管制和外汇管制等措施；在中度突发事件中，行政机关除了可以采取低级危险中的措施外，还可以采取的紧急措施主要包括政治权利的限制、人身自由的限制、出入境管制、聚众活动的限制等措施；而在重度突发事件中，行政机关除了可以采取轻度和中度突发事件中的措施外，还可以实施戒严、动员、宵禁、新闻管制等紧急措施。

5. 以突发事件的发生和发展过程进行分类

以突发事件的发生和发展过程进行分类，它可以分为预警期、发作期、持续期和恢复期。

（1）预警期是指有线索表明潜在的突发事件可能发生，对社会的危害正在临近或者对社会的威胁已经出现。

（2）发作期是指突发事件对社会的危害已经产生并向更大范围蔓延。

（3）持续期是指突发事件的危害呈现平稳状态，同时也是努力清除突发事件的过程。

（4）恢复期是指突发事件的危害性明显降低、危害范围缩小，人们开始采取措施消除突发事件后果，恢复社会正常状态。

将突发事件分为不同的阶段具有重要意义。在突发事件发展的不同阶段，行政机关可以采取的紧急措施的强度应当不同，对公民、法人和其他组织的基本权利的限制也应当不同。如在预警期阶段，行政机关的主要权力是及时向公众发布可能受到威胁的警告或劝告，及时宣传和普及应对突发事件的法律常识和科学知识，对公共设施进行维护，对进入预警期区的人员的证件进行检查等。而在发作期和持续期，行政机关可以采取许多限制或控制性措施，如限制或者禁止集会、游行、示威、举行会议和其他群体性活动，拘捕实施暴力或者恐怖行动的人员或者嫌疑人员，并合法延长其监禁期限。

二、突发事件与其他相关概念的关系

为了进一步理解行政应急对象的概念，必须明确突发事件与其他相关概念的关系。相比较而言，本书之所以认为“突发事件”为行政应急的对象，而不是以“社会风险”“危机”“紧急性社会危害”或“社会危险”，特别是“社会风险”作为研究起点，主要是基于以下四点考虑：

第一，从《中华人民共和国突发事件应对法》（以下简称《突发事件应对法》）规范对象来看，它是对突发事件全过程进行规范，而不是侧重于事中的处置。也就是说，这部法律强调对突发事件的事前预防和事后恢复重建，强调应急管理关口前移和后移。同时，也要对突发事件进行事中处置，因而是一个全过程的管理。基于这样一种立法理念，本书在研究行政应急对象时，没有直接使用“社会风险”一词。因为“社会风险”这一概念是抽象的、主要为了揭示问题、进行反思，任何风险发生之后，都不称之为风险。也就是说，“社会风险”强调事先预防，而不是事中处置。本书也没有使用“紧急性社会危害”一词。因为这一概念的抽象性程度比较低，并强调对社会危害的事中控制。本书之所以也没有使用“社会危险”，是因为这一概念并没有成为《突发事件应对法》的决定概念，而在中国目前的行政法治语境之中，突发事件已具有规范上的意义。

第二，从实质上讲，“突发事件”“社会风险”“紧急性社会危害”，都是指事件对社会的破坏作用，强调其危害性，只是表现形式和侧重点不同。本书使用“突发事件”，是希望将这些强调不同侧重点，并且具有不同表现形式的危害性事件都纳入进来。当然，突发事件与社会危险在内涵和外延上存在交叉，在一定条件下突发事件可以导致突发事件，它们都可以作为行政应急对象。为简洁起见，笔者运用突发事件来统一描述。因为从逻辑上讲，“突发事件”是一个比上述几个概念更为基本的范畴。

第三，“突发事件”与“危机”的区别和联系。美国危机管理专家查尔斯·F. 赫尔曼和詹姆斯·A. 鲁宾逊，危机事件具有三个方面的要素：①威胁主要利益或者造成严重后果；②作出反应时间有限；③事出突然，具有意外性。[①]

罗森塔尔等认为，危机就是对一个社会系统的基本价值和行为准则架构产生严重威胁，并且在时间压力和不确定性极高的情况下，必须对其作出关键决策的事件。在1975—1976年耶路撒冷举行的危机问题研讨会上，提出的定义是：危机是和平进程的断点，它必须具备以下四个条件：①国家内部或外界环境发生变化；②形成了对基本价值的威胁；③卷入军事敌对行动的可能性极大；④对威胁作出反应的时间有限。[②]

我国有学者认为危机事件是一种非常态的社会情境，是各种不利情况、严重威胁、不确定性的高度积累。从抽象性上来看，危机事件一般具有以下特征：①突发性和紧急性；②高度不确定性；③影响的社会性；④实质是非程序化的决策。[③]

可以看出，突发事件与危机有许多相同之处，使用“突发事件”这一概念，在本书中是有特指含义的。它强调“社会危害性”，同时又与“个别的突发事件”相区别，强调特定机关通过“宣告形式”才能从普通应急状态进入行政应急状态。

第四，“突发事件”与“紧急状态”的关系。突发事件与紧急状态的关系可以用一句话概括——紧急状态是一种特殊类型的突发事件，是一种极度危险的突发事件，也就是本书所说的重度突发事件。对于紧急状态的含义，学术界已有许多讨论，代表性观点如下：有学者认为紧急状态是指“由于自然或人为因素使国家安全、经济形势和公民的生命、健康、财产处于极端危机之中或造成极大灾害的情况”[④]；有学者认为紧急状态是“国家在全国或部分地区的安全和社会秩序受到严重威胁破坏时（如战争、内乱以及严重自然灾害等）宣告的危急状态”[⑤]；还有学者认为，紧急状态是指在发生了威胁到国家生存的紧急情况时国家所宣布的一种关于行使国家紧急权而扩大国家权力行使与克减人权保障标准、并受到国际人权法约束的临时性的应对状态。[⑥] 以上三种观点在界定紧急状态的内涵时由于运用了不同的标准，从而出现了差异。其实，仔细分析这三种观点，内涵大同小异。如都强调对国家、社会和人民的生命与财产的严重威胁，都强调是一种紧急情况。作为法律状态的紧急状态和作为事实状态的紧急状态是不能绝对分离的，都应当成为我们的研究对象。然而，我们必须意识到法律永远落后于社会生活，立法者并不能在事先预见到任何一

① 王浦劬．防治“非典”时期的政府双重管理问题分析［J］．北京大学学报（哲学社会科学版），2003（03）：20-25.

② 薛澜等．危机管理——转型期中国面临的挑战［M］．北京：清华大学出版社，2003：25.

③ 薛澜，张强，钟开斌．防范与重构：从SARS事件看转型期中国的危机管理［J］．改革，2003（03）：5-20.

④ 陈春龙．民主政治与法治人权［M］．北京，社会科学文献出版社，1993：242-243.

⑤ 法学词典［Z］．上海：上海辞书出版社，1985：761.

⑥ 郭春明．紧急状态研究［D］．北京：中国人民大学博士研究生学位论文，2002：12.

种突发事件，法律没有作出明确规定并不能成为政府可以袖手旁观的理由。从积极应对紧急状态的角度而言，事实上的紧急状态也应当成为政府处理的对象，当然有法律的事先规定则更佳。由此，紧急状态既包括事实上的紧急状态，也包括法律上的紧急状态。与之相对应，突发事件这一概念也包括事实上的和法律上的两层含义，但以法律上的突发事件作为主要研究对象。

总而言之，对突发事件进行分类以及厘清与相关概念的关系，目的是能够从多角度和多侧面理解行政应急对象，进而能够进一步认识行政应急法律体系。

第四节　行政应急的过程

一、行政应急过程的概念

行政应急过程指行政应急主体适用行政紧急权时所必须遵循或履行的法定的时间与空间上的步骤和方式，是实现法律规定的权利和义务的必要条件。针对行政应急主体的行为，行政应急过程可以分为两类：一类是行政应急主体制定和发布紧急性行政法规、规章及其他具有普遍约束力的规范性文件的抽象行政行为所遵循的行政应急过程；另一类是行政应急主体作出的能实际影响相对一方权利、义务的作为或不作为的紧急性具体行政行为所遵循的行政应急过程。当然，紧急性抽象行政行为或紧急性具体行政行为依据不同的标准，又可以分为多种，同样，应急过程也可以分为多种。

二、行政应急过程的种类

根据不同的标准，可以对行政应急过程作以下分类：

（一）以行政应急过程的步骤为标准进行划分

以行政应急过程的步骤为标准，可以分为对突发事件的预防与应急准备、对突发事件的监测与预警、对突发事件的克服与消除、突发事件消除后的恢复。当代突发事件管理理论认为，每一个突发事件都会经历潜伏、发生、发展和死亡的周期，对突发事件的管理不应该局限于其生命周期中的某一个阶段，而应当着眼于全过程，即根据突发事件的生命周期的不同阶段，政府应采取不同的应急措施，从而形成一个“循环的、全过程的”管理模式。2003 年美国联邦应急管理署根据《国土安全总统指示令》，建立了全面和统一的国家突发事件管理系统。该管理系统就是以“生命周期”为基础的。美国联邦应急管理署将突发事件的生命周期分为四个阶段，即预备阶段、应对阶段、恢复阶段和缓解阶段。在每一个阶段政府的职责是不同的：预备阶段的职责主要是准备全面计划、实施人员培训、进行演习；而在应对阶段，则是向国民发出灾难警告、实施撤退、提供食物和暂居地以及进行搜寻和救援。本节主要介绍以行政应急对象的危害程度为标准的分类方法。

（二）以行政应急对象的危害程度为标准进行划分

以行政应急对象的危害程度为标准，可以分为与轻度突发事件、中度突发事件以及重度突发事件相关的行政应急过程。与第一种分类相联系，就理论上而言，这三者都包括预警期的决定和宣布、危害期的决定和宣布以及恢复期的决定和宣布。然而，突发事件的实际进展并不像理论上所认知的那样泾渭分明，有时候，轻度或中度突发事件由于处理不及时，可能会演变成重度突发事件，也就是进入紧急状态，此时，重度突发事件的预警期的决定和宣布程序就会被省略，而直接宣布进入重度突发事件危害期。

在这三种行政应急过程中，其中重大突发事件，也就是与紧急状态相关的一系列步骤和方式的确定最有意义，所以需要加以展开。[①] 就我国而言，根据《宪法》第 67 条第 21 项（全国人民代表大会常务委员有权决定全国或者个别省、自治区、直辖市进入紧急状态）、第 80 条（中华人民共和国主席根据全国人民代表大会的决定和全国人民代表大会常务委员会的决定……发布特赦令，宣布进入紧急状态，宣布战争状态，发布动员令）和第 89 条第 16 项（依照法律规定决定省、自治区、直辖市的范围内部分地区进入紧急状态）的规定，首先应当区分两种不同类型的紧急状态，即全国和个别省、自治区和直辖市的紧急状态与省、自治区和直辖市的范围内部分地区的紧急状态。就前一种紧急状态而言，一般包括以下的步骤和方式：

第一，紧急状态请求的提出。即由国务院提请全国人民代表大会常务委员会决定或批准紧急状态。[②] 提请应当采用书面形式，并向全国人大常委会提交提请报告，该报告应当经过国务院常务会议讨论通过，内容包括提请进入紧急状态的事实、法律依据、理由、区域、实施措施等。

第二，紧急状态的决定。即由全国人大常委会批准国务院提出的请求。全国人大常委会应当自收到国务院提请的报告之时起在法定的时间内进行审议并作出决定。对于全国进

---

① 与紧急状态有关的一系列步骤和方式，在不同国家的宪法和紧急状态法中有不同的规定。出于解决问题和论述方便的考虑，这里主要分析我国的情况。

② 全国人大常委会也可以依职权直接决定进入紧急状态。

入紧急状态的决定，应当由全国人民代表大会常委会组成人员的三分之二多数通过；个别省、自治区、直辖市进入紧急状态的决定，应当由全国人民代表大会常委会组成人员过半数通过。进入紧急状态的决定应当采用书面形式，并载明下列事项：紧急状态的发生和发展情况；实行紧急状态的理由和法律依据；进入紧急状态的区域范围以及实行紧急状态的起止时间。

第三，紧急状态决定的宣布。即由国家主席根据全国人民代表大会常委会作出的紧急状态决定签署主席令，宣布全国或者个别省、自治区、直辖市进入紧急状态。宣布决定应当立即通过国家通讯社和广播台、电视台等新闻媒体公布。

第四，紧急状态的延长。它是指在紧急状态决定规定的期限内没有达到实行紧急状态目的，需要延期，国务院在紧急状态决定有效期届满之前，提请全国人民代表大会常委会予以延长，全国人民代表大会常委会作出准予延续的决定。国务院应当向全国人大常委会提交提请延长紧急状态决定有效期限的报告，并载明突发事件的发生发展情况、申请延期的理由和法律依据、延长的期限等。

第五，紧急状态的终止。它是指突发事件完全消失，实行紧急状态的目的已经达到，全国人民代表大会常委会根据国务院的请求①终止其作出的紧急状态决定，并由国家主席予以宣告。

对于与省、自治区和直辖市的范围内部分地区的紧急状态相关的步骤和方式，则是由行政系统内部来完成的。一般包括以下几个方面：

第一，紧急状态请求的提出。即由有关省、自治区、直辖市人民政府提请国务院决定或批准紧急状态。② 提请应当采用书面形式，并向国务院提交提请报告，报告的内容包括提请进入紧急状态的事实、法律依据、理由、区域、实施措施等。

第二，紧急状态的决定。即由国务院批准有关省、自治区、直辖市人民政府提出的请求。国务院应当自收到有关省、自治区、直辖市人民政府提请的报告之时起在法定的时间内召开常务会议进行审议并作出决定。进入紧急状态的决定应当采用书面形式，并载明下列事项：紧急状态的发生和发展情况；实行紧急状态的理由和法律依据；进入紧急状态的区域范围以及实行紧急状态的起止时间。

第三，进入紧急状态的宣布。即由国务院总理根据国务院常务会议作出的紧急状态决定签署国务院令，宣布有关省、自治区、直辖市范围内部分地区进入紧急状态。宣布决定

---

① 全国人大常委会也可以依职权直接终止其作出的紧急状态决定。

② 国务院也可以依职权直接决定进入紧急状态。

应当立即通过国家通讯社和广播台、电视台等新闻媒体公布。

第四，紧急状态的延长。即在紧急状态决定规定的期限内没有达到实行紧急状态目的，需要延期，有关省、自治区、直辖市人民政府在紧急状态决定有效期届满之前，提请国务院予以延长，国务院作出准予延续的决定。有关省、自治区、直辖市人民政府应当向国务院提交提请延长紧急状态决定有效期限的报告，并载明危机的发生发展情况、申请延期的理由和法律依据、延长的期限等。

第五，紧急状态的终止。即突发事件完全消失，实行紧急状态的目的已经达到，国务院根据有关省、自治区、直辖市人民政府的请求①终止其作出的紧急状态决定，并由国务院令予以宣告。

另外，行政应急过程还可以作以下分类：如以是否有法律的规定为依据，可以分为任意的过程和法定的过程两种，前者是权力在行使中没有既定规则可循的过程，后者是法律规定权力的行使必须经过的、有规则的过程。对行政紧急权力的行使无疑应禁止其任意过程而强化其法定过程。以行政紧急权力的效力范围为标准，还可以分为内部运行过程和外部运行过程。内部运行过程是指行政主体对隶属自身的组织、人员和财物进行管理时，所必须遵循的方式与步骤。外部运行过程是指行政主体的行政行为在涉及相对人时所必须遵循的方式和步骤。

与正常状态下的行政权力运行过程相比，行政应急过程的重要特点是简便、强调行政效率。这是因为，行政应急过程所应对的是突发事件或极端严重的公共危机，它们具有突发性、无序性、破坏性等特点。与常态下的行政主体相比，非常状态下行政主体在行使权力的目标和条件上有重大不同。前者的目标是以一种相对理性的方式发现需要处理的行政事务的真相，而后者的目标是控制突发事件的蔓延，尽最大可能保护公民、法人和其他组织的合法权益。在条件方面：就时间而言，前者在最终作出行政决定之前可以有充足的时间反复修改，而后者由于事件的突然爆发，只有极为有限的反应时间。就信息而言，前者可以通过民主协商、开听证会等方式获得较为充分的信息；而后者，行政机关不可能在极为有限的时间内掌握和控制所要处理的事件的充分信息，有时，突发事件发展迅速，而信息传递需要过程，最高行政决策机关所掌握的信息又是滞后的，甚至是不准确的。

---

① 国务院也可以依职权直接终止其作出的紧急状态。

第二章　行政应急性原则的价值与完善

第一节　行政应急性原则的界定

一、行政应急性原则的概念

行政法是调整行政关系独立的法律部门。作为独立的一个部门法，其法律规定有很多内容，各规范之间也存在着必然的内在联系。行政法的原则基本遵守的是相同的原理或准则。国家的法律和社会的法规在运行的过程中必然都会发生一些不可抗力事件，比如自然灾害、恐怖事件、分裂活动、动乱、暴力犯罪等。而这些事件的发生存在威胁国家的安全独立可能，也会破坏社会稳定的秩序可能，有可能会严重地侵害了公共利益。宪法和法律制度在正常的情况下，会出现难以正常运行的情况，而行政机关根据事态的紧急情况采取必要的补救措施，即使这种措施在执行时，并没有相关的法律依据或者与法律的规定有抵触的内容，也应该认定该行政应急权是有效的。行政法治原则主要的目标就是指行政机关要依法办事，行政机关行使行政行为时必须符合宪法和法律的有关规定。以人为本是我国依法治国的根本宗旨。而我国基于中国特色社会主义法治理念建立的行政执法原则，要求各规章制度之间不能独立存在相互联系制约。这一原则的目的是保障对社会公民的合法权益，充分尊重公民的各种利益。以依法行政原则为指导基础并在相关的制度调配的情况之下会存在例外，即有效保护公民生命自由财产。行政执法机关应该根据意外事件的紧急情况不同应及时采取不同的行政应急措施，并在事后及时向上级的行政机关报告，及时争取上级行政机关的追认，这正是行政法中规定的应急性原则。行政应急性的原则重要之处在于它在行政实践中的地位。[①]

20 世纪 80 年代关于行政应急性原则的最早文章，是龚祥瑞先生发表《法学杂志》第六期《行政应变性原则》，行政应变性与行政应急性的语言含义相同，但是行政应变性包

① 费长山. 行政法与行政诉讼法［M］. 上海：华东理工大学出版社，2007：15.

含了行政应急性。我国的现代行政法治原则的重要内容就是行政应急原则。行政应急原则是指，如某些特殊的紧急情况出现，为了保障国家安全、社会秩序和公共利益，行政机关可以采取缺乏法律依据或与法律相抵触的措施。①

行政应急性原则，其实质是为了保障更重要的公共利益和公民的根本权益，为社会的和谐进步和经济稳定发展保驾护航。在有重大的突发事件发生时，根据事件的紧急情况采取行政应急措施。而这种措施包含了两种情况，即行政法上的具体行政行为和没有法律依据及缺乏法律规定的行为。行政应急措施的行政决定，有可能受到某些宪法中关于公民权益的规定限制，也包括比较简易的应急程序规定。行政应急原则使部分法律、法规发生了细微的变化，国家机关与公民之间的权利义务关系要更加明确，把重点放在国家机关，国家要在第一时间授权给行政机关，及时采取紧急处理方式，积极准确地掌握公共危机的进展情况，这与法治原则是不发生冲突的，并且从性质角度来讲，这是处理突发事件中法治原则的重要体现。行政应急原则的基本要求是，在行使行政紧急权的同时要体现现实性、专属性和科学性的要求。行政机关在行使行政应急权的时候，要求行政机关严格按照应急法律的规定，在行政法治的规定范围内行使应急权。罗豪才教授曾经提出，行政应急原则是合法性原则、合理性原则的非常原则。这句话说明罗豪才教授将行政法治原则分为三种，包括合法性原则、合理性原则及应急性原则。这也意味着，应急性原则并没有脱离行政法治的原则，并且还应该是行政法治原则中的一项重要内容。② 行政应急原则应该始终坚持以行政法治原则为理论基础，兼顾行政应急的效率，并以此为实现的侧重点。以行政法治原则为指导思想，规范行政应急措施的法律规范内容，不能将行政应急措施片面化。综上所述，我国的行政法的基本原则体系，由行政合法性原则、行政合理性原则和行政应急性原则三方面构成。

二、行政应急性原则的特征

行政应急性原则，也被称为“危机管理原则”。“危机管理”也可以称为“突发事件管理”“紧急状态管理”（Emergency Management）。这一原则是指在公共危机的达到爆发的程度，无法控制、化解和修复到常态化等的过程，并且应对的措施和相关的制度进行安排。在现代法治化的国家之中，对于突发事件给国家和社会所带来的冲击，而导致社会秩序的失控混乱，行政机关要充分运用行政应急权，实施应急法律制度加以规范，在紧急状

① 龚祥瑞. 行政法与行政诉讼法［M］. 北京：法律出版社，1989：15.

② 罗豪才. 行政法学［M］. 北京：法律出版社，2004：24.

态下国家权力之间、国家权力与公民权利之间进行调整，有效的调节并排除危机，重新恢复社会的各种秩序，保障社会的公共利益和公民的个人利益。总而言之，危机的处理和利益的平衡，这也是应急法律的重要功能之一。

行政应急性原则是现代法治原则的一项重要内容。行政应急原则是在行政法的基本原则之上新形成的一个新的原则。在我国，行政法学界对于行政应急性原则看法是一致的，即行政应急性原则是国家安全、社会秩序、公共利益都出现紧急事件时，行政机关所作出的行为，可能缺乏法律依据或者与一般性法律相抵触的行为。依据行政应急法治的特性，可以得出行政应急原则有如下几点特征：

第一，必须有现实行使应急权的法定情形存在。这意味着，现实生活中出现了突发事件，这类突发事件要具备如下特征：一是突发性或非预期性；二是巨大的危险性；三是紧迫性；四是不确定性。总之，这类突发事件的发生，会给社会带来重大的影响，会引发各种社会危机的出现，这时就需要社会特别是行政机关给予特殊的处理和应对措施，并针对应急法定情形制定相应的应急方案。

第二，必须有行使行政应急权的必要。对于公民不受限制或者不受侵犯的权利和自由采取不得不限制或者侵犯的措施时，大家会看到一个重要的名词，即“紧急突发事件”。但实际上很多情况下这些事件并不是所谓的“紧急突发事件”，更不是本文所研究的范畴。但这仅是行政机关日常处理事件的一部分，情况并不多见。这类事件的实质上并不具备紧急突发事件的特征。行政机关应该充分了解紧急突发事件的本质，否则，就会为行政机关的违法行政，越权行为，滥用权力提供借口。

第三，必须有行使行政应急权的主观意识。行政机关行使紧急行政权，主观上一定要有行使该权力以应对紧急情形的意识。有了对危机的意识，可以根据应急预案采取相应的应急措施，提高政府和公民的应对危机管理能力。

第四，必须有行使行政应急权的行为。行政应急行为的外在表现，就是一定要具备客观的行为。并且，这种客观的行为一定要与上述的紧急突发事件有关。不然，这种行为就不能称为应急行为，且该行政行为的后果不能按照行政应急行为来处理。

第五，必须是没有法律的规定或者与法律的规定相冲突。宪法没有明确规定，若这种行政权力的行使，是有法可依，并且与普通的法律规定的内容相一致，那么这种行为就符合法律的规定。否则就是行政权力的滥用。

第六，客观上必须不能超过行使权力的限度。行政应急行为是要应对突发事件的发生，那么在客观上的尺度就难以掌握。若处理不得当的话，体现在自由裁量权的行使过度、比例原则的理解。极易产生消极的后果，使该原则的积极意义转变为消极意义，给社会和公民个人带来不利的后果，产生权益的损害。行政权的行使没有法律依据或与普通法律相抵触是行政应急原则最重要的特征之一，行政应急性原则的特征很特殊，每一个特征都是行政主体针对行政应急权的配置和状态。

三、行政应急性原则的适用

行政应急性原则的每一个法律特征是应对突发事件发生的应急关键所在，同时，也能看出此原则在某种条件下的才能适用，某种突发事件不是应急原则的特征并不适用。在行政法领域，往往极力提倡“依法行政”这一基本原则，而行政应急原则常常被人们忽略。人们认为这一原则与行政的其他原则有冲突。行政应急原则在某种程度上已经改变了行政机关与公民之间的权利利益关系，能够有效地控制突发的危机事件的事态。但实际上，这一原则与行政的原则并不冲突，原因在于两种原则在保障国家和公民利益方面有着共同的目的，并且这一原则本身也是行政原则的重要组成部分之一。如在非典事件发生期间，面对突如其来的疫情，国务院前所未有地迅速起草并施行了《突发公共卫生事件应急条例》，保证行政机关采取的各种应急措施都有法可依。所以行政应急原则是建立在行政原则的基础之上，结合合法性原则，并不是片面地用合法性原则去破坏应急措施。同时，应急性原则也受到合理性原则的制约，其应急权的适用范围也是受一定条件限制的。

行政机关在发生紧急状态时采取应急措施，行使应急权力，而这些应急措施的行使需要行政强制力保驾护航。也就是说，在必要的情况下，需要在现行法律中断的情况下实施行政行为，暂停公民的某些宪法权利。客观说，这种任意行使行政应急权力的行政行为是建立在特殊条件和特定事件内发生的。如果这种行政应急权的运行没有有效的监督和制约，就会导致法律和整个社会的不和谐。总之，行政应急权需要在宪法和法律的规定范围之内，或者说，在行政权运行过程中要以法律的目的和精神为出发点。紧急突发事件发生后，行政机关在行政应急原则的指导下，限制公民的基本权利，采用某种特殊的手段和方式。当行政机关需要在紧急情况下采取紧急应对措施，必须符合专属性和适当性的要求，不能任意和滥用行政权力。

行政机关主体对行政应急权力行使必须具备以下条件：

第一，存在明确无误的紧急危险。当国家安全、社会经济秩序和公共利益等方面存在明确、重大的危急情况下，才能使用。

第二，只限制在法定行政机关行使。这是由行政权力机关，委托其他的行政机关来行使。在不符合法律规定的情况下，行政机关根据情况的紧急行使行政应急权力，事后一定要取得有关的行政机关加以追认。

第三，政府的行政部门作出的行政应急行为。要对这种行政权严格监督制约，应该由法律、法规中规定的特定程序来依法行使，严格地控制任意行使应急权力；如在法国，部长会议中可以决定紧急事态，采取应急措施，但是行使的前提是要在会议中提前批准。

第四，行使行政应急权力必须适度。相应所采取紧急措施也要适当。要考虑到把负面影响控制在最小范围内，滥用应急权力是不允许以免产生无辜伤害。应急权力的适当合理原则，自由裁量权的适度行使。

行政应急权是以行政应急性原则为指导的，进一步彰显出应急权实施时的限制条件，并不是所有突发事件都适用行使行政应急权的。应急性原则是不会离开行政法治的基本原则，而这种特殊的形式也正是行政法治原则的内涵。因为行政应急行为要处理突发事件，尺度难以把握，又因为行政效率通常较低，其机制作用往往有滞后性和迟钝性，这与行政事务的复杂和紧急情况相违背。特别是在给予行政机关极大尺度的自由裁量权后，对行政机关的效率要求更高，要求行政机关必须严格地按照行政法规、规章规定严格行使行政权。

四、有关行政应急原则界定的争议

（一）适用领域的争议

有学者认为：行政应急性原则适用于突发事件，比如“新冠疫情”公共卫生事件①，但有些学者认为：行政应急性原则还适用于战争、戒严、总动员等情形更为严峻的紧急状态，但排除了突发卫生公共事件②；还有的学者对事件分类，影响状况大小都不加以区分，仅笼统地指出适用特殊情况，必要情况等。

主要原因是，过去不会出现“非典”“禽流感”“新型冠状病毒”等复杂的突发公共事件。而现代社会是高风险社会，随着形势不断地发展变化，突发事件的不确定因素或新情况将会不断出现。学者们逐步认识到，社会不是一个独立的个体，“突发事件”是一个广义的概念，它应当是影响公共生活与经济秩序大型灾难的总称。不是单独的、分裂的，而是相互之间存在着紧密联系，呈现多元性和同时性的特征，在特定情形下还可能相互转换，互为因果，产生涟漪反应。比如此次疫情防控期间，由于病毒的快速蔓延，封城封

---

① 宋功德. 突发公共事件应急处理法律制度及完善［A］. 载应松年. 突发公共卫生事件应急处理法律制度研究［C］. 北京：国家行政学院出版社，2004：18.

② 郭春明. 紧急状态法律制度研究［M］. 北京：中国检察出版社，2004：1. 刘小兵. 戒严与戒严法［M］. 北京：中国人民公安大学出版社，1995：1.

路，交通运输困难，导致医疗用品设备紧缺，从而引发物资供应链条出现断裂；导致医院患者容量不足，坐诊的医护人员紧缺；引起社会大众的恐慌；各种慌乱情况频频出现。

伴随着《突发事件应对法》颁布，应急管理建设逐渐成为实际工作的重点、热点。并且提出了“一案三制”管理理念。将突发事件分为自然灾害、事故灾难、公共卫生事件、社会安全事件四大类。这就需要用发展的眼光看待问题，树立大局意识。立法上对突发事件的新情况、新变化预留一定的空间，并适时调整与更新，不能只单纯限定在一定的区域或者只是单纯的抠字眼，拘泥于字面含义。

（二）适用阶段的争议

基于突发事件的发生情况，波及范围和影响，它包括实际危险已经发生，危险程度逐渐减弱，危险消除三个阶段。根据突发事件遵循的特定规律一般可分为预警期、爆发期、缓解期与善后期。在不同时期和不同阶段面对的主要任务和应急措施也各不相同。在预警期：其主要任务是预防和控制，在这个阶段应急管理任务是及时预警或者将已经发生的突发事件控制在一定范围内。在爆发期：此时突发、事件已经发生且事态已进入紧急状态，这个阶段的主要任务是控制事件的蔓延和阻止事态发展扩散，考验政府机关的快速反应能力。在缓解期：这个阶段事态相对稳定，但仍有继续发展的可能性，此时应在确保前期应急有效措施的前提下，适当降低应急措施的强度，并尽快恢复正常社会秩序，稳定公众情绪。在善后期：突发事件解决后，我们要及时反思总结经验，对突发事件进行全面的调查和评估，从而在下一次危机事件爆发之时从容应对。

很多学者对爆发期、缓解期作了详尽全面的论述，而对预警期和善后期则缺乏系统的研究，甚至是一笔带过。本书认为：按照事物发展的客观规律，危机前的防范和危机后的善后恢复，都是应急性原则的重要组成部分。而要想不断提高政府应对突发事件的能力，需要在预警期和善后期做好准备，从而形成综合的应急管理模式，这样就能提高应急措施的有效性和公众的应急意识，使应急法制在危急状态下得以延续。

（三）对内涵认识的争议

一些学者在行政法合法性原则的基础上，提出了行政应急性原则。具体表现为：在特殊条件下，国家行政机关可以采取与现行法律规定相抵触的行为，或者没有法律依据的行为和措施。也就是特殊时期特殊对待。[1][2] 有学者在此基础上作了一定的修改和补充，提出了行政应急性原则：即可以采取有行政法依据的行为，也可以采取一些没有具体法律规范依据的行为，但不可违背宪法与法律的精神；这一观点使行政应急原则具有包容性，给执法人员留出一定的裁量空间。也有学者用对个体权利限制的多少来衡量行政应急性原则。它包括对个体正常生活带来的限制和影响，以及宪法所规定的基本人权是否被侵犯。[3]

各位学者对行政应急权内涵的争议：实质是在突发状况或紧急情况下，公共利益与私人利益之间如何平衡；在解决危机的同时，如何体现法治人权的要求。本书认为：应根据突发事件的类别、等级和阶段，分别采取相应的应急措施，权衡利弊，妥善安排。制度的生命在于执行，对公民采取限制缩减权利时，应采取最小损害原则。建立一个应急的法治秩序，行政机关所使用的应急手段，不应当是宪法与法律所禁止的方式。

（四）对宪法效力的争议

行政应急权的法治化进展缓慢波折，其主要原因是，行政应急原则在宪法效力上的认识不同。学术上存在三种不同观点。首先，宪法不变原理：认为无论是战时还是平时，政府权力扩张和对人权的限制不能调整和变化，要完全符合宪法的规定。坚持无论何时，宪法本身拥有至高无上的权威，不可动摇。其次，不受宪法限制原理：该学说认为行政应急权力的行使完全是政府的自由裁量行为，不应受到宪法的控制。在特殊时期，特事特办[4]；此外还有学者提出：宪法相对性原理，在国家的生存与人权的维护之间寻求适度的平衡。在国家存亡与个人权利相冲突时，应根据事态发生的轻重缓急做出决断，针对具体问题具体分析。在国家生存和人权维护中找到一个平衡点。

上面三种关于宪法效力的观点，是对行政应急权所持有的基础立场不同。本书更赞同第三种观点：宪法相对性原理，因为在国家利益与个人利益之间进行了适当的协调，维护公共利益的同时不损害个人利益，维持公共秩序的同时保证公民的相对自由，通过适当的制度来合理安排应急性权力与公民权利的最佳方案，是一种最佳状态。符合时代潮流，也应当成为一种普遍接受的观点。

---

① 金国兴．行政应急性原则的理论与实践价值［J］．云南财经大学学报，2006（06）：99-102.

② 莫于川．公共危机管理与行政指导措施［J］．政治与法律，2004（06）：32-37.

③ 汤振宁，邵蓉．对行政应急性原则的法理探索［J］．中国药业，2004（04）：7-8.

④ 戴雪．英宪精义［M］．雷宾南，译．北京：中国法制出版社，2001.

第二节　行政应急性原则的价值取向

一、公共利益优先同时兼顾公正

优先性原则：指有关国家机关在发生突发事件时，采取应急措施时享有优先性。对此，学术界有不同的看法：一方面有人认为，保护公共利益是有效维护私人利益的前提，但发生突发情况时，个人利益必然会与公共利益发生冲突，比如公共利益的维护通常会对个人利益进行限制。但是行政应急行为并非针对个人利益而作出的，其主要目的在于保护大众的公共利益[①]；另一部分学者则认为，一般而言这种突发性事件损害的是公共利益，当政府部门在应对此类事件时，不仅需要公共财政的投入，还会涉及个人利益。这些为解决公共事件而付出的成本也是一种利益的缺失，在学理上表现为私益增值机会的失却、私益的直接减损和私益成本的增加[②]；但在此类紧急情况下，国家机构为了解决危机事件、保护公共利益，对某些个人的私人利益产生侵占、造成损害是必然的。此时公共机关所行使的权利带有强制性，利益受到损害的个人不能立马对其权利产生争议提起诉讼，只有在危机消除后方可请求赔偿。

除了以上两点，优先性原则还表现在，国家机关在特殊状态时拥有的优先调用紧急物资、运输救援物资等，应对灾后救援、在救援途中先行通过等特殊权利，而公民个人也不得对此进行阻碍，必须给予最大程度的支持，各方主体通力协作，积极配合，为政府的救援行为提供助力。

对于行政行为程序的运行而言，公正性是不可忽视的，在传统法律概念中，程序公正与实体公正往往同时出现，但似乎大家更加注重实体即结果的公正而往往忽略了程序公正。其实平心而论，程序公正能否得到实现意味着结果是否公正，它是实现结果公正的必经之路，程序有自己的独立价值。一方面是由于在紧急情况等突发事件中，程序公正显得尤为重要。因为保障每个个体获得绝对的结果公正是不可能的，也是完全做不到的。既然如此，在程序上保证公正也是另一种公平的表现。另一方面在于国家机关在处理突发事件

---

① 斯图亚特. 法理学：法律哲学与法律方法［M］. 邓正来，译. 北京：中国政法大学出版社，2004：2.

② 宋功. 行政法的均衡之约［M］. 北京大学出版社，2004：120.

时，无法兼顾绝对的公正，与常态情况相比较，必然会忽略一定程度的公正性。而此时保证程序的公正，也对个体有所交代，在一定程度上弥补了行政权力运行过程中产生的缺陷，保证行政行为的规范性。

二、行政权力的扩张性与集中性

权力的扩张性一方面表现在：权力平行扩张，在特殊状态下，行政机关既享有行政权，又享有部分立法权，这与一般状态下的行政立法权是不同的，是指行政机关可以在紧急状态下行使只能由全国人大及其常委会行使的立法权。举例来说，为了应对突发事件，政府可以限制公民活动、剥夺人身自由、还可以控制公民住所、扣押、没收公民的财产。这些措施都属于法律保留。当然，这一特殊更为严厉的行政立法权只有达到一定标准后才能行使，或者行政机关也可以提请全国人民代表大会通过正常的立法程序规定在应急法律中，使应急法成为应对突发事件的普遍措施。另一方面，则是行政权的纵向扩张，在应急的过程中，地方国家机关向中央国家机关权利转移，下级行政权力向上级行政权力转移。

行政应急权力的集中性：行政机关不仅承担着消除公共危机、确保人民安全、稳定社会秩序的主要责任，而且还须在公共利益优先原则的引领下协调各方利益，调动全员的积极性，这时无可避免地出现了行政权的集中现象。地方行政权集中于中央国家机关，以利于中央统一指挥、集中力量、协调兼顾，中央行政权得到扩张。立法权和司法权做出适度让步，集中于行政权，便于高效，科学应对突发事件。

三、比例原则优先适用

正如俗话所说，不能杀鸡取卵。在现实生活中，当法律对某一突发事件缺乏具体的法律规范时，我们不能严格死守成文法，而是应当给予国家机关一定的自由裁量权，允许其超出法律界限作出应对，从而保护公民权益。但这并不意味着政府可以无限制地使用自由裁量权，而是应当符合比例原则，在一定范围内行权。

比例原则最初源于1215年英国的《自由大宪章》中，① 此前，奥托·迈尔在其1895年出版的著作《德国行政法》中提出了“警察权力不可违反比例原则”和“逾越必要限度即是违法的滥权”作为德国行政法学的创始人，奥托·迈尔提出的利用比例原则限制行政权力，后来在实践中不断丰富和发展。

从传统意义上而言，比例原则包括以下三个方面的内容：一是目的性原则，对于本文

① 英国《自由大宪章》：“人民不得因为轻罪而受到重罚”。

所述的应急法制而言，其要求政府在面对各种突发情况时，采取的处理办法必须符合政府的效率原则。二是最少侵害原则，如《突发事件应对法》所规定的，政府在处理突发事件时，在有条件的情况下，尽可能选择最大限度保护公民权益且损害最小的措施。[①] 三是均衡性原则，即国家政府机关保证在采取的应急措施比其造成的损害重要时，才可以侵犯公民权益，否则这种行为就违反了均衡原则而不会被允许。

第三节　行政应急性原则的理论依据

行政应急性原则本身为应急法律来规范行政应急行为，须在行政法治的约束下展开公共危机安全管理措施。行政应急原则作为行政法一个独立原则，其理论基础也是行政法的发展基础。

一、平衡论及其主要观点

对于20世纪90年代，罗豪才教授极力推行“平衡论”学说，这在法学界内产生了非常重大的反响，支持者、异议者都呼声高涨，支持和怀疑者各自在自己的观点中都得以深刻的见解，更使行政法理论基础的探讨颇有一番新景象，也让业界感到新观点所带来的新气息。就平衡论的产生来说，它的内在含义主要是针对行政法内部结构的失衡，主要是为了实现权力与权利的平衡，是一次集体智慧的结晶经典体现。在《中国法学》1993年第1期上“论行政机关与相对一方的权利义务平衡”[②]。平衡论第一次得到比较系统和完整的阐述。20年的辛苦研究，最终使平衡论行政逐步完善到系统、成熟的理论架构，内容规范也较为丰富。主要观点如下：

（一）我国现代行政法的基本精神及价值取向

行政权与公民权是存在于平衡状态下的平衡法，这句话说明了行政法是保障社会平衡的基础，这种平衡是行政权与相对人之间的平衡、公共利益与个人利益之间的平衡、行政效率与公平正义之间的平衡、行政权的保障与法律约束之间的平衡，而不是天平偏向任何

① 《突发事件应对法》规定：“有关人民政府及其部门采取的应对突发事件的措施，有多种措施可供选择的，应当选择有利于最大程度地保护公民、法人和其他组织权益的措施。”

② 罗豪才，袁曙宏，李文栋. 现代行政法的理论基础——论行政机关与相对一方的权利义务平衡［J］. 中国法学，1993（01）：52-59.

一端。我国行政法中的平衡状态，也会因为我国国情和地区的情况不同产生差别，而利益可接受性是为这种差异提供方向引导，也就是说，在我国行使行政权的时候受到了各方面利益的影响时，可以兼顾到国家、集体和个人的利益关系，最终达成一致、平衡的状态，作出合理、完善的行政决定。

（二）追求行政权与公民权利之间的平衡

从本质上讲也是一种利益上的衡量关系。从利益的角度考虑，不管行政法的解释，是为了使公共利益和个人利益的最大化为最终结果。平衡论是通过行政相对人的权利扩张，还是通过监督强化的方式对行政权进行控制行政监督主体，行政法之基本精神是实现公共利益和个人利益的最大化。作为行政法基本理论进行研究，行为模式确立能够反映时代的潮流，体现行政法的价值。

（三）代表性观点

平衡论主张控制行政权力，扩张相对人的权利，从某种意义上说，控权平衡模式某种程度上只符合现在行政法阶段性的实际需要。平衡论是行政法的基本理论，贯穿于行政法的始终，为行政法的正确发展提供指导，也是控权平衡理论现在最大的贡献。对于控权平衡论的逻辑思路，也是基于基本国情等现实原因，而单方面强调控制行政权力，扩张相对人的权利，则最后可能导致行政权力处于萎缩状态。而在政治与经济迅猛发展的时代，行政权是可以合理产生的扩张，会更有效地调节对社会发展，对增进社会整体利益也很重要。然而，控权平衡论的宗旨不能完全对应于现代社会利益最大化的长久实现。面对以上原因，从行政权良性和恶性角度来说，分析一下行政法基本理论模式可知，主要目标是使公共利益和个人利益达到最大化的状态。然而，因为公共利益与个体利益在很多情况下是不可能获得双赢，而均达到最大值的，公共利益往往是以牺牲部分个人利益为代价的。正因为如此，比例原则便在西方成为公法上之帝王条款。比例原则蕴含了对公共利益与个人利益相互冲突时进行权衡，应采取对个人利益侵害最小的方式为之。既然侵害最小，则表明侵害一般是难以避免的。因此，控权平衡论者所言的实现公共利益与个体利益均至最大值即达到平衡状态是站不住脚的。所以合理模式下平衡论得到定位：追求公共利益和个人利益最大化的平衡，也即追求社会利益最大化。在社会利益最大化状态下，有可能公共利益达到了相对最大化的状态，而个人利益则可能处于非最大化状态，因为其要为了更为重要的公共利益而作出相应的牺牲，也有可能个人利益达到了相对最大化的状态，而公共利益由于个人利益的至关重要性而作出一定的妥协与让步。总之，平衡论所追求的平衡是公共利益与个人利益综合起来的社会利益的最大化，而非绝对的公共利益与个人利益两者均达至最大化的不理想状态。行政应急性原则在保障公民基本权利方面是符合平衡论要求的行政权与公民权的平衡，行政应急行为的突发性，赋予其职权时的自由裁量权，在某种方面会对公民权利受到侵犯，把握处理的限度，兼顾效率并且同时达到平衡。

二、服务论

"平衡论"主旨是将行政法应用到行政机关和普通的公民生活中，也就是将行政法作为一种社会平衡器。但是，行政法始终没有挣脱它本身的功能，一直在保障权力和控制权力之中徘徊。现在，在追求创新的服务论要求之下，我国的行政法打破了行政权力和公民权利的关系这道枷锁，将民主、法治和福利的本质列入国家服务行政的特征之中，这是我国行政法的重要内容。

服务论的重要基础是国家的行政已经由原来的秩序行政转变为今天的服务行政，并且行政法在内容上也做了重要的改变，更加倾向于建立服务与授予性的行政模式。这种变化更加强调了行政的积极性，增加了民主性的色彩，大量采用了非权力的方法。服务论的内容中还规定国家应该积极主动地承担对公民福利性的责任，同时也要求国家行政的行使要从被动式转为主动式，这也符合社会的发展规律。政府要开始扮演一个服务者的角色，完成公民的诉求，这是现代行政法在民主化的要求下的发展趋势。但是，人们对服务行政的向往对国家行政的角色、地位和作用的追求日益增加。相比同时期的其他平衡论学说，都没有关于类型论的探究和相关的法律理论规定，而服务论的宗旨是维护社会的公平正义，完善健全各种社会福利。服务论要求政府所扮演的服务者要积极创新，造福社会，将公民与社会的利益作为最重要的出发点。这强调了政府在行使行政职权的时候，唯一功能在于保障公民自由，提高人民物质精神文化生活而服务。主要服务行政目的在于服务于受益，而不在于统治和管理。创建服务型政府，与现代法治社会发展相符。

三、比例原则

在对西方国家的行政轨迹的发展的研究与分析发现，他们在经历了从"守夜人式国家"到"行政国家"的变迁，同时与之形影相随的是政府所拥有的不断扩张权力和欲望，同时自由裁量空间日益增大。自由裁量权最大化的应急表现应算得上是应急性原则中极致了，如果要发生这种情形，如果平息事态，恢复秩序，这种自由裁量成为必需。然而，事实上并非如此，自由裁量的危险在于权力的滥用风险，这种事必导致政府的独断专行的权利，对侵犯人民的权利，也是导致不良后果一个重要诱因。所以，假使在突发事件应对行为中出现或是表现出类似的情况，产生不良后果是不可预想的，这也成为产生更大危机的主要原因。也使应急性原则的应急行政目的无法实现，错过应急行为初始目标，带来不必要后果和无法预测结局。所以，政府机关是行政法在为公民权利得到保障，不被行政机关行使自由裁量权的滥用受到侵害时，适度限制行政机关在应对突发事件的自由裁量权，进行适度的限制的必要性。当今世界各国对政府机关自由裁量权的限定，产生很多很有创造性的理论和行为，其中以比例原则影响最深远。

从行政法意义来说，比例原则的定义是说行政机关行使行政行为时，一定要兼顾实现行政目标和保护相对人合法权益。但是如果行政目标的行使有可能给行政相对人带来利益的损失，那就应该对这样的不利后果规定限制，并且降低损害的范围。这种情形下，采取的应对措施来保持适度的比例。① 由此可见，比例原则最终目的是实施公民权利行为的“手段”，并与其所要达成的“目的”之间应保持有一定的“比例关系”，对行政手段与目的之间的比例关系通过衡量，能够有效地恣意行政和滥用行政自由裁量权加以控制，实现保护相对人合法权益为目的。比例原则概念范围很广，主要包含了适当性原则、必要性原则及狭义比例原则。

（一）适当性原则

适当性原则的定义是，行政机关采取的措施有利于或能够达成相应目的，而且措施是正确。涵括以下两种表述：第一，行政目的的适当，只有以这个为前提，才能使行为产生良好效果，否则失去行为或是行使方法、手段则必然偏离轨道，也失去应有的意义，结果必然适得其反。如常见在突发应急事件发生，政府机关或是行政主体开启应急性原则，其行政权目的是来维护公众利益，快速重新稳定社会秩序；如果这段时间内考虑到自身的权益而过度行使应急性的原则，从中获利，发灾难财，此时所采取的应急措施即使再有效，手段再高明，其结果都是灾难性的，势必导致人民财产的重大损失，而小集团利益却在此次行为中得以彰显。第二，明确了行政行为的目的性，行政主体对所采取的应急措施及行为方法是有助于行政目的实现的，行政行为对于行政目标正确适当，此时行政权力一旦行使，对于违反适当性原则的行为则适得其反，如行为不是法定目的，未能在行为中完成或部分完成行为，这些都会导致产生不符合适当性原则的结果。

（二）必要性原则

必要性原则又可以称为最小侵害原则。这一原则对于行为行政目的、行为目标以及行

① 姜明安. 行政法与行政诉讼法［M］. 北京：北京大学出版社，2007：71.

为接受的主体的公众产生的过度影响，则突出了破坏最小侵害原则。这种情形也多发生，行政目的的多方面性，行为目标的多元性以及可选择的手段的多重性，在这种叠加而出现的复杂局面下，保障对行为的权益损害的最小，甚至不能超过必要的限度，必须加限定，所以，为了达到行政目标的手段和方法可以有多种可选择性时，应选择对相对人权益损害最小的，达到必要的范围，超过这个范围都会因违反了必要性要求而违反比例原则。

（三）狭义比例原则

也称相对性原则，是指行政机关行为中采取的强制行政行为造成的损害，不能与想要达成行政目的利益产生显著的失衡。即行政主体采取措施产生损害与带来利益的均衡性，不能以牺牲个体利益获得主体的最高利益，这样追求结果，可能获得是一个更难接受的结果。可以换言以释之，即手段与所追求的目的不得不成比例，也就是说赋予行动行政行为的公民所要付出代价与得到的公共利益价值要相互符合与适应，而行为中不能接受的是对于很小的利益甚至很不适当的取得，且为之付出让公众或是客体不愿意甚至不能承受巨大损失。所以，对行政目的所获得的利益与侵害公众的权利之间作出选择与均衡，同时也必须能证明取得利益与损害之间的一个平衡，这种条件下才有依法侵害公众权利。

适当性原则、必要性原则和狭义比例原则作为行为整体相互关联，行为密切，三者构成广义的比例原则。通常情况下都认为，作为互为依存的三个子原则，适当性原则是必要性原则的前提，而狭义比例原则较前两原则处于更高的层次。

现代法治原则中，依法行政原则和保障公民权利原则的遵守是应急性原则下应急行政行为的合法性要件，则比例原则也为应急性原则中行政权的运作提供了合理性的指引。比例原则要求行政机关在采取限制行政相对人的行政措施时，一定要有把握合理“度”，同时这些措施在合理度范围内是必要存在的。

四、保障公民权利原则

宪法规定公民的基本权利应得到他人的尊重并不受到侵犯，而公民权的行使也脱离法律的束缚任意扩张，它也是有一个合乎法律的限度，这个限度往往就是当公民权利受公共利益制约而相伴的权利又被加以限制在现代的法治国家中。“公民权利无条件牺牲来满足公益的绝对性”的观点已面临更深层次的考查和检验，但不可否认的是现代公益的至上性与公民基本权利中人权保障必要性是推动社会前进的必然趋势，也是社会发展大势所指，不可肆意加以歪曲。

在行政应急事件处理问题上，政府应对突发事件时所采取的即时强制措施来解决危机，其目的是保障公民基本权利而不是滥用权力。

对于还没能拥有一个完善的、有效的法制来规范政府的行政应急性措施的国家，我们依然不能过度追求行政应急权的实施。此时，面对突发事件，政府应急行为中无法避免权力的滥用可能，而以此产生并对公民的权利的侵害。如抗 SARS 期间，对于还不能完全预测到面临的困难与危险时，同时现实情况又极其危重的时刻，政府行政职能部门作出很多不合法的行为举措，而这些行为在正常下似乎连合理性都不能解释，此时，凸显了我国应急法制的不健全，应急制度的严重缺失也给继续的工作和行为带来很多不确定性。如“扩张隔离”“对人身自由无依据克减”等行为并无明确的法律依据。行政征收补偿制度的缺失也产生很多事后很难处理的纠纷等，此后国家开始完善我国应急法律，陆续出台的条例和法规，为各级政府都依法进行解决紧急条件下产生行为，并按国家法律法规政策规定给予统一补偿，使个人利益与集体利益、国家利益的平衡。与此同时，对于补偿不到位、不及时的，补偿差别的问题也对现实公民的权利造成伤害。当突发应急事件发生后，应急法制主要是调整国家与公民的关系，在国家权力彰显同时使公民的一部分权力受到限制。而这种限制是在紧急状态下的，会影响公民受限制的权利，产生某种不可调和的冲突，这种冲突关系选择同国家通过法治理念和法律制度规范来均衡二者的利益关系。使社会的法治秩序得到维护，又能在底线保护范围内使公民的人格受到尊重和人身自由权利得到保障，财产权利受到最小的损害。在紧急状态下，公民权利遭受侵害是应当合理的、合法的。因为在应急状态中公民的基本权利受到保障的程度相对减小，也要得到公民理解。而政府依照行政应急性原则和相应应急管理措施来限制公民基本权利，也是公共危机紧急情形下的应对方法。

第四节 行政应急性原则的完善路径

完善我国行政应急性原则下的应急法律体系，能够使在该原则下的应急法律体系得到规范化，为我国法律发展提供有力的依据，使行政应急法律体系加以健全，行政应急权监督的依法实施，培养公民行政应急意识等方面都能到保障。

一、健全行政应急法律体系

规范现行的《紧急状态法》，对国家紧急权利进行实体规范和程序规范，同时做好与《突发事件应对法》的链接。

（一）完善立法

在宪法中增加明确，详细并具有一定可操作性可行性的紧急状态条款，明确规定我国的紧急状态法律制度，在应对危机管理的原则中，对国家的应急方案提出了合理化的建议，为完善我国的应急法律体制提供了有利的条件。所以，对现有或者已制定的一系列相关法律进行进一步修订，以便形成统一协调的法律体系，将“应急”意识加入其中，让《紧急状态法》和《突发事件应对法》在应对突发事件时发挥作用，这样能够加强规范行政机关的应急行为。

（二）建立更加合理和完善的应急权法律体系

若要紧急状态法与专门应急法之间完美地结合，一定要综合在一起再合理地进行协调。所以，要尽早制定出完善的紧急状态法，对行政应急部门行使权力做出合理安排。还需制定专门的法律，《国家动员法》，《恐怖事件应急法》等来进一步完善我国的应急法律体系，并从对行政应急权的救济机制方面制定相应《行政程序法》、《行政补偿法》来健全。健全我国在紧急状态下应对突发事件时的立法；在一些重要领域抓紧制定针对强的具体突发事件的法律，填补不立法空白。鉴于国外恐怖组织犯罪活动日益猖狂，我国制定专门的反恐法律或相关法规是有必要的。

（三）明确行政应急权的适用范围、程序、行事原则、约束原则和补偿措施

可以在行政应急程序法中专章规定行政应急程序。在行使权力时，由国务院下达命令，发布行政法规，并且为行政应急行为提供法律依据，下位法符合上位法，有法可依，有法必依。

（四）系统性厘清现有突发事件应急法律体系

来适当提高我国应急法律的层次。修订一些突发事件法律的文件中不符合行政应急性原则为指导应急权行使，该规定有法律解释必须作出说明，删除了部分的法律条文。要克服现有的应急法律之间的冲突和矛盾，维持整个法律体系的和谐统一使行政应急权方面的法律的行使更加规范化。

二、确立行政应急有效监督机制

根据对国外应急管理方面法律的分析，对行政应急的监督来自立法监督和司法监督。

这是分权制衡理论等到贯彻的结果，即使在紧急状态下，在一定程度上分权制度受到冲击，而这并不意味着制衡力的消失。比如加拿大就很重视国会监督。为了行政效率得到保障，行政机关的监督就是事后审查，即便这样，也对行政应急权的滥用，保障公民权利的损害起了限制作用。我国是建设具有中国特色的政治分权制度，立足于我国国情的基础上，来借鉴他国的先进经验，进一步加强建设出属于我国的应急行政监督体制。

（一）从立法层面进行监督

在发生紧急突发事件之后，就要通过行政应急组织来负责处理，来作为一个重要的疏导指挥工作完善成熟的行政应急权的组织有良好的应急能力，该组织在行使危机解除权的过程中，享有很大的自由裁量权。我国现有的应急法律体系中，全国人大及其常委会的监督职能就是对应急状态的决定进行监督，这种是事前监督，对行政应急权的行使作用不大，宪法规定国务院要接受全国人大的监督，是正常状态下的规定，全国一旦处于紧急状态，全国人大缺少了相应的法律监督手段。另外，对于紧急状态没有及时去禁止时，国务院应当按期终止，或者宣布终止后继续实施行政应急措施，针对国务院作出的决定和报告，由全国人大常委会进行操控，同时，全国人大常委会有权撤销该应急命令，一旦撤销，该应急命令立即失效。面对事态发展情形，我国的一些行政法学者提出，如果以后中央设立了紧急状态委员会，该委员会的职责就是协调各地方的应急委员会，并且在发生突发事件时，该委员会能够作为全国性的应急指挥中心，提供各项工作的调配工作，且由国务院的主要部门负责。而在各地方，县级以上的行政机关中也要设立应急委员会，负责对上级的应急工作进行安排和对本级的突发事件进行安排部署，在本辖区内形成一个应急指挥中心。

在发生突发事件时，政府行使行政职责，各个相关的行政机构都运用行政应急权，并且采用紧急措施应对危机的行政主体部门。有关这方面机构的设立，可以考虑吸取美国的应急方案，即在各城市中设立专门的应急委员会，各委员会的各部门之间相互协调配合支持计划运作实施。

在建立我国的应急体系中，要积极吸取外国的先进经验，另外要充分结合我国目前的国情，设计一个真正体现我国应急行政效率的智能体系。

（二）完善法院对行政应急权的控制

司法的审查是针对行政应急权进行监督是行政法的诉讼制度。我国的行政诉讼法的受案范围仅限于具体的行政行为要把应急行政行为这种非常状态下的行为纳入行政诉讼的受案范围之内，将会对我国现有行政诉讼制度形成比较大的冲击，因为本身我国在应急法律制度方面存在立法落后。我国对应急权利并不仅仅停滞在行政层面，在宪法层面的国家权力方面需要明确建立宪法诉讼制度来审查。鉴于此，我国应当考虑对行政诉讼法修改，把对紧急立法权的监督的法律提到法律研究上，防止恶法之治，实现国家法制化。

我国在进行合法、合理的司法监督。而对于行政自由裁量权的制约，我国通常采取适当性原则。和英美法系的合理性原则相比，程序正当的原则或者比例原则、均衡原则都不尽相同。我国行政机关行使自由裁量权的控制监督比较形式化，宽泛，又利于实现行政应急权的法治化，在法治国家，使权力相对软弱无力或居于表面化，形式化。我国应考虑在法律中构建比例原则，来实现行政应急权法治化，完善行政应急性原则的法律体系建设。由于我国的应急管理法治存在立法上落后，危机管理机制的原则、功能上的特点、调整范围、体系构成等方面研究还没有完全落实到具体原则或是具体法律制度的建构。

三、培养公民行政应急意识

提高全社会突发事件的意识能力，就应对全民进行应急培训，增强应对突发事件的意识，主要可以通过以下几个方面来体现：

（一）行政紧急时期要做到行政公开和信任政府的情况

突发事件的发生容易出现恐慌心理，很容易利用紧急事件的恐怖制造违法犯罪。第一，行政机关应对国内突发事件本身所产生的各种问题和不稳定因素。同时还要防范国际上的政治舆论。如疫情前期尚未没有官方正式公布时，谣言四起，迷信活动盛行起来，最后行政公开其信息，起到稳定秩序的效果。可见，紧急时期政府及时公开信息，给公民心理安慰，不会产生恐慌，应对措施都会增强公民对政府的信任度。行政机关有义务向公众告知相关灾情并告知预警方法，允许公民通过网络、媒体、报纸等渠道获得相关信息。第二，政府在紧急状态时要把应对事件采取的法律依据，采取措施必要性和目的性公开。行政机关公开行政记录信息时应保护公民隐私权。第三，行政机关对采取应急措施中过度行为应进行责任追究、救济制度必须公开。

（二）培养公民行政应急能力意识

国家应对危机的意识与公民面对的应对能力是有联系的。公民意识是应对危机管理的心理基础。发生突发公共事件现场一般在基层，而第一时间到达现场抢救处理的是基层干部，而面对突发事件群众怎样应对事态发展的控制、抢救方面，战胜困难都起重要作用。

如果他们镇定有序，理性处理问题，根据预案实施救援，就可以大大减少人民生命财产的损失，所以，各级政府应提高公众的危机参与意识，主要可采取多方面措施。

所以，我国政府要提高公民的危机参与意识，采取相应措施。首先，我国要对现有的应急预案加以健全，对公民的义务和责任加以明确，让公众积极参与到突发事件的应急救助行为中来。其次，国家应在各省市地方加强对当地民众的危机意识教育，提高应急能力培训。可以在全国建立危机管理教育培训中心和相应的危机训练系统，形成一个社会整体危机应对系统，提高公民自救互救能力，增强公众的社会责任心与忧患意识，动员全民，预防为主，全社会形成防患于未然的心埋应对能力，切实贯彻《突发事件应对法》29 条的规定。

（三）公民社会的创建

公民社会的建设是现代社会发展一种必然趋势，也是应对突发事件的必然需求。政府的执行力提升体现在公民社会的创建，公民社会对增强全民的公共安全和防范风险的意识都有相应提高，使全社会的救助能力得到提升，还能使公民的责任心和主人翁的责任感得到培养，通过创建公民社会，能不断地提高和发展民间组织能力。

四、建立行政应急补偿制度

行政补偿制度，是说行政机关以公共利益为前提，行使行政权力管理国家事务的时候，合法地行使国家公权力，但该行政行为造成了公民、法人或其组织的合法财产及合法权益受到损害时，以公平原则并通过国家正当程序，对受到的损失给予补偿的一种法律制度。作为现代法治国家行政应急法治建设的一个重要内容，对政府权力的规制和公民权利的保障是很重要的。要使紧急状态下政府权力的运行机制加以健全，很重要一点就是坚持以行政应急原则为指导来完善行政应急方面补偿制度。也是建设法治政府，全面推进依法行政、促进经济社会协调发展的必然。《中华人民共和国宪法》第 13 条明确规定了“国家为公共利益的需要，可以依照法律规定对公民私有财产实行征收或征用并给予补偿。”国家从宪法的层面对行政补偿加以确定，为下位法治制度完善行政补偿制度提供有力法律依据，也使宪法中关于保护公民财产权法律规定得到落实；有利于监督合法的行政权被行政机关行使，还可以保障行政相对人合法权益，协调公私利益均衡。而面对现实情况，行政补偿制度的完善还需考虑多方面的因素，如经济因素等。因此，要完善行政补偿制度还应注意以下方面：

第一，对于紧急状态下发生的行政征收权的设定，一定要严格遵守法律保留原则，以

“最小损失原则”入手尽量保障公民财产受到过度非法侵害。

第二，对于行政应急权下的征收权行使的条件和程序要严格限制。控制自由裁量权的行使，并通过立法，司法和社会监督手段，有力进行监督对征收权行使的全过程，确保行政应急原则下的应急权被滥用，被越权。

第三，在突发事件的发生时。对行政应急方面补偿原则，补偿的范围，补偿的标准和补偿方式等方面进行具体的规定，并且提高其可操作性，既要考虑我国国情也要使行政补偿切实可行，落实到位，不能使这种应急权下的征收成征用演变为一种掠夺工具，损害社会公平正义原则，不符合法治国家的要求。

第四，一般情况下行政补偿是事后补偿。申请行政应急补偿时是不得干预正常应急权的行使。这种救济手段得到落实还需要政府提供大力支持去实现，但是行政机关如果以有碍正常应急权形式为借口故意拖延补偿时间，是不合理的。因此我国应该通过立法形式对行政补偿合理时限加以规定以防止政府机关相互推诿责任，有效使行政补偿真正得到落实到位。

五、规范行政应急问责制度

很多国家都制定了较为完善的行政责任制度的法律，如《政府责任法》或者《公务员行为准则》等。将行政机关的责任制度用法律的行使加以明确。2004 年至今，我国的行政问责制一直是社会的焦点问题。从无到有的问责制，再到有法律保障运行的问责制，都能明显地看出，我国的行政部门提高了办事效率，严格地按照“依法行政、执政为民”的宗旨办事。这已足够说明行政问责制的制定初衷已经实现，它的法律地位更加重要。现在，行政问责制在我国仅仅是起步阶段，还存在不足和缺陷，所以，进一步完善我国的行政问责制具有至关重要的意义。可以从以下几个方面来体现：

（一）合理配置和划分行政权力

行政机关内部上下级之间、行政部门不同但职能交叉相对严重，权力划分存在模糊，这一直以来都是行政机关内部管理和问题。这样的情况明确责任人具有一定的难度，紧急事件能否得到妥善的解决是至关重要的，这期间极易产生不合理和不公平的事情。责任追究不能到位，是目前我国行政问责制发展中遇到的难题之一，也是我国行政应急法制中存在的问题。行政问责制的设立，一定要重视落实责任的机制，这需要用法律、法规为其保驾护航。许多外国都制定了专门的问责法律，这些法律中不仅有明确的政府责任条款，还有相对应的规定予以支撑，形成了一套完整的行政问责法律体系。在我国，应该借鉴其法律，努力向这方面法律发展，来完善我国的行政问责法律体系。

（二）加强问责制公开透明性

国家赋予公民和媒体监督的权利，同时还提供了很多监督的方式给公民和媒体。我国各级政府在执行行政问责制度时，也应该积极地听取社会各阶层的声音，及时给予答复，这样才能更快速地完善我国的行政问责制，促进我国的社会发展。

（三）要将行政机关的问责制纳入到现代法治化程序轨道

行政机关要通过法律程序来保证行政问责制度有效的运行。我国目前的行政问责制度不完善，也不稳定，这样难以长期保证该制度的有效运行。想要从根本上解决这些问题，在技术上健全行政应急方面的问责制度是不够的，重要的是从行政性问责向程序性问责转变。为了不让问责制从形式化变成“人治”。程序问责的法律依据是来自官员对责任的明确，法律依据充分，而不要限于那些行政性的文件，也不能着重在乎临时性的行政文件。即使法律的依据中有缺陷和不足，也要通过开放式的立法程序和司法程序来补救。程序问题的制度之下，所有的行政官员都要承担起自己相应的法律责任，而对于这些官员来讲，他们的责任非常重大。官员在面对责任问责后的引咎辞职，是自己决定的，外在的法律责任才由行政程序来决定，由司法机关来启动诉讼的程序，加以确定其法律责任。

行政问责制度将不断完善，实现从“新制”到“良制”转变的同时，还伴随着对我国应急状态责任政府的补充，也是加强建设政治文件建设的重要内容，实现我国的法治化进程。

六、丰富行政应急的外部制度

（一）加强行政指导在突发公共事件的运用

行政指导是行政机关为了达成某种预期的行政目的，在依法行政的前提下，为满足社会需求和政策灵活多样性，而采取的非强制性的行政措施，行政相对人是否服从，以自己的意愿为主，因而更具民主性①；行政指导表现形式多样：一般体现为建议、指导、宣传、劝告、提醒、示范、商谈、倡导、鼓励等一系列的柔性管理行为。刚性行政命令的缺陷可以由柔性行政指导行为补充，配合使用，做到刚柔相济。

行政机关在依法行政、依法履职的基本原则下，充分发挥行政指导的柔性优势，降低治理的成本，提高行政效益，积极推动目标管理的实现。但行政指导也是一把“双刃剑”，

---

① 罗豪才．行政法学［M］．北京：北京大学出版社，1966：275.

操作不当，会产生负面效应。如何克服行政指导负面效应，改变固有的思维模式、在执法过程中合理使用利益诱导、将行政指导纳入法治化轨道，是实践与理论的重大课题。

1. 行政机关要转变传统思维观念

一方面，充分认识到行政指导的优势与重要性。柔性的行政指导发挥着特殊的调节作用。其自身灵活性和非强制性成为政府机关在突发事件的应急处置措施中不可或缺的必要环节。现实执法过程中，一些行政人员，刚性执法思维模式根深蒂固，把行政强制与行政指导混为一体，甚至认为行政指导只是行政命令的转换词，只有行政强制才能迅速达到行政目的，在工作中暴力执法，迫使行政相对人被迫接受行政指令，这种认识是错误的。更为严重的是，有些政府缺少耐心，缺少关于行政指导的专业培训，对行政指导忽视冷漠的态度。这就要求我们在执法过程中，大力宣传行政指导，对公务员进行专业培训，转变传统的思维模式，充分认识行政指导的优越性，阳光执法，公开执法，理性执法、柔性执法。比如，专家给予指导意见，政府与组织进行咨询服务。

2. 合理合法使用利益诱导

行政指导的利益诱导既有物质方面的利益诱导又有精神利益诱导。物质利益诱导包括财产利益、政策优惠、税费利益等实际利益诱惑；精神利益诱导例如给予口头表扬、荣誉称号和精神疏导等心理层面上的荣誉感。在具体实施方法中有接受与不接受两种。同时要告知行政指导对象接受行政指导的利益；不接受行政指导，也不会产生不利影响。

在应对突发事件时，政府机关要在法律允许的前提下将精神利益和物质利益诱导结合使用，以便达到预期的行政目标。在突发事件发生过程中，当看到身边同胞遭受苦难、人身伤残甚至面对死亡时，绝大多数人会产生共情，而行政主体要正确引导，发挥政府机关能动作用，主动作为，因势利导，特别是在疫情防控期间，让公众明白在遇到突发状况时个人正确的做法和应对措施；当个人无法采取应对措施时，应立即主动向政府有关部门求助，当政府机关接到公众求助信息时，必须做出回应。让公众主动了解、踊跃支持和积极参与，要激发起人民群众的社会责任感。提高精神和道德层面的集体意识，积小流成江河，从而降低行政成本。当全民参与共同战胜疫情，行政机关必将事半功倍。

（二）发挥非政府组织的作用

传统的应急管理模式是行政机关“独揽型”，各类社会资源，特别是非政府组织只能是消极的被管理者。没有将社会的力量纳入应急管理体系中，行政机关在面对突发状态时，只能被动应对。事实证明，在应急管理的过程中，需要政府与社会的相互配合，特别要发挥非政府组织的作用，产生一个联动机制。由“独揽型”应急模式向“共治型”应急模式转变，达到政府主动引导，非政府组织主动参与，上下联动，全民参与，网络状的应急管理格局。

七、构建应急行政诉讼保障制度

行政应急诉讼制度保证了行政相对人的应急诉权，也为行政机关与当事人之间缓解了纠纷，为我国法治建设提供了一种新的思路。

（一）建立行政复议前置制度

一方面，由于突发事件具有专业性，行政机关比司法机关更了解突发事件的具体情况，在应急过程中若采用行政复议前置，行政机关主动了解情况，化解当事人的诉求。既避免了司法救济的谦抑性，避免滥诉产生的风险，还给当事人提供了多种选择，提高了行政办事效率。另一方面，由于行政复议审查的范围较广，既审查合法性也审查合理性，行政相对人对结果的接受度更高，获取救济更人性化，而行政诉讼只审查合法性。

（二）扩大应急诉讼的范围

常态下的行政诉讼范围的设定，采用正面列举的形式。但由于突发事件的不可控性、潜伏周期长、未知因素多，为了保障给当事人诉讼请求，应当尽量扩大行政诉讼的受案范围。但采用正面列举的方式无法全面涵盖。所以，可采用反面排除的方式，扩大应诉的范围。同时，根据立案等级制的原则，只要当事人起诉符合当事人的起诉条件，就应当立案。

（三）适当利用调解制度与变通执行

诉讼不是解决问题的唯一途径。法律明确规定：行政机关在行使应急权过程中，有自由裁量的权利，为了节省诉讼资源，尽快解决纠纷，行政机关在保证当事人自愿平等的基础上，积极促成调解；同时避免“久调不判”。行政机关在常态下，对变通执行使用范围较大。但在应急状态下，变通执行难度加大，在遵循比例原则的基础上，不损害国家利益、公共利益的前提下化解纠纷；保证公共利益与当事人私人利益适度平衡。行政相对人可以申请法院变通执行对自己不合理的决定可以申请变通执行。比如，疫情期间，强制隔离的考生，可以申请特殊考场进行考试；对于行政征收征用的相对人，在生活困难情况下先予执行应急救济金；被强制医疗隔离的病人，可以向法院申请提供电脑，进行网上办公、学习等。

第三章　行政应急管理体制的建构研究

第一节　行政应急管理体制的基本内涵

协调、高效和规范的行政应急管理体制之建设，已经成为我国中央及地方各级政府的一项战略任务。全面揭示行政应急管理体制的科学内涵应当从三个向度入手：第一，分析它的基本构造；第二，与战争体制、动员体制等紧急状态体制相区别；第三，与政府的常态管理体制相区别。

一、行政应急管理体制的基本构造

从形式逻辑上讲，由于行政应急管理体制是行政管理体制的下属概念，而行政管理体制是体制的下属概念，因而，揭示行政应急管理体制的基本构造必须从“体制”和“行政管理体制”这两个基本概念的内涵入手。关于体制，根据《辞海》的定义，体制是国家机关、企事业单位在机构设置、领导隶属关系和管理权限划分等方面的体系、制度、方法、形式等几个方面的总称。而《现代汉语词典》的定义则是“国家机关、企业、事业单位等的组织制度。”据此，体制是特定主体内部的组织制度。那么何为行政管理体制？学界的主流观点认为，它是政府的机构设置、职能配置、与职能相应的事务管理制度及权力运行机制的总称。据此，行政管理体制是由机构、职能与运行机制等要素所构成的。本书认为，根据行政应急管理体制的上述两个上位概念的基本含义，可将其界定为由应急性机关、应急性权力和应急性机制所组织的制度体系。这三个要素即是行政应急管理体制的基本构造。

应急性行政机关指具有行政主体资格，根据国家宪法、法律、法规或规章处置突发公共事件，行使应急性行政权力的政府机构，主要指中央和地方政府及其职能部门。应急性行政权力是指应急性行政机关在应对各类突发公共事件中，依法享有并行使的各类抽象的或具体的职权和职责。如发布紧急命令、制定应急性法规或实施应急行政征用或征收等。应急性运行机制是指应急性行政机关能够依法、高效行使应急性行政权力以便处置突发公共事件，从而恢复社会正常秩序的机理。如应急响应机制、预警机制、信息公开机制等等。

这三个基本要素在行政应急管理体制中都具有相对独立的功能或地位，相互之间不能代替。应急性行政机关是享有并行使应急性行政权力的载体，是区别应急性行政管理体制与常态下的行政管理体制的形式要件。如果应急性行政机关设置不科学，例如，应急性机关臃肿或重叠，则必然造成人浮于事、应急处置效率低下等的负面效果；再如，应急性行政机关缺失，则将错失处置突发公共事件的良好时机，造成应急处置的被动局面，从而都将影响应急管理体制整体功能的有效发挥。应急性行政权力是应急性行政机关处置突发公共事件，保障国家、社会和公民利益以及恢复正常社会秩序的手段，是体现应急性行政管理体制的实质要件。如果应急性行政机关没有被授予足够强大的应急性权力，或者只行使常态下的行政权力，那么应急性行政管理体制根本就无法发挥其应有功能，也就无所谓有效应对突发公共事件。应急性运行机制是应急性行政管理体制启动、运作和结束的标杆。通过应急性运行机制，应急管理体制的各个环节才能够被有机地联结起来，应急性行政机关才能有效实施各类应急性行政权力。如果应急性运行机制缺损，那么应急管理体制的各个环节就会断裂。由此可见，只有应急管理体制的三个基本要素正常运作，作为整体的应急管理体制才能发挥其应有功能，缺乏上述三个要素之一，应急管理体制要么名不符实、要么陷入瘫痪状态。

二、行政应急管理体制与紧急状态体制的区别

我们这里所说的紧急状态是指战争、动员和戒严等状态。行政应急管理体制虽然与战争、动员和戒严等紧急状态体制在基本构造的形式上存在相似之处，但是它们的属性却极为不同。这主要体现为以下三个方面：

（一）军事机关的地位不同

在行政应急管理体制中，行使应急权力、处置突发公共事件的主导主体是国家行政机关，军事机关只是处于协助或配合地位，而且军事机关能否介入，一般情况取决于行政机关是否提出请求，没有行政机关的请求，军事机关不会主动参与。并且，军事机关即便介入，其主要功能也不是行使强制性的军事权力，而是实施救援或者抢险工作，国家宪政的基本构造不会变动。如根据《核电厂核事故应急管理条例和处理决定》第 4、5 条和第 8 条的规定，国务院指定的部门或者核电厂所在地的省人民政府指定的部门是处置全国或本行政区域内核事故应急的机构，而中国人民解放军则只是在核事故应急响应中作为有效的

支援力量出现的。又如，根据《中华人民共和国防洪法》第39条和第43条第2款的规定，国务院设立的国家防汛指挥机构负责领导和组织全国的防汛工作，而中国人民解放军则是执行抗洪抢险任务的主体。

但是，在战争、动员和戒严等紧急状态体制（特别是在战争体制）中，军事机关则一跃成为应对紧急危机的主导主体，立法机关和司法机关的权力往往会转移到军事机关，从而集决策、执行和裁判权力于一身，从根本上改变国家的宪政构造。根据我国目前关于战争、动员和戒严方面的法律规定，在战争、动员或戒严状态下，军事机关的地位都将极大提高，甚至超出了行政机关的地位。虽然根据《中华人民共和国国防法》（以下简称《国防法》）第14条的规定，在战争或动员状态下国务院和中央军委都是领导机关，但是从该法第12、13条关于国务院和中央军委的职权规定来看，无论是对武装力量的统一指挥，还是对军事战略和武装力量的作战方针决定以及向全国人大提出议案方面，都属于中央军委职权。而国务院的主要职权则是：编制国防建设发展规划和计划；制定国防建设方面的方针、政策和行政法规；领导和管理国防科研生产；领导和管理拥军优属工作和退出现役的军人的安置工作等等。显然，国务院的作用只是为战争或动员做准备。当国家宣布进行战争或动员状态时，中央军委是主要的领导机关。根据《中华人民共和国戒严法》（以下简称《戒严法》）第3条的规定，我国的戒严状态分为两种：一是全国或者个别省、自治区的直辖市的戒严；另一种是省、自治区和直辖市的范围内部分地区的戒严。对于第一种戒严的决定，是由最高国家权力机关决定的；第二种戒严的决定，是由国务院决定的。但无论是哪一种戒严，军事机关的地位都很强。根据《戒严法》第8条和第10条的规定，在戒严期间，戒严实施机关应当成立戒严指挥机构，统一部署和实施戒严措施。戒严任务由人民警察、武装警察执行。必要时由中央军委指派的人民解放军协助执行。

（二）公民权利克减的程度不同

无论在行政应急管理体制中，还是在战争、动员和戒严等紧急状态体制中，伴随着行政机关或军事机关权力的扩张，公民权利都将受到不同程度的克减。但是，就公民权利的克减程度而言，两者则不可同日而语。在行政应急管理体制中，应急性行政机关对公民权利的限制，不论在种类还是在数量上都是极为有限的，公民的基本权利，诸如获得公正司法审判的权利、获得国家赔偿或补偿的权利、获得人身保护状的权利等是不能被克减的。这一点，从我国的突发公共事件应急预案中能够得到说明。观察国家突发性公共事件总体应急预案、国家专项应急预案、国务院部门应急预案或者省级总体应急预案，可以发现涉及公民权利克减的条款相当有限。这说明，虽然应急预案是作为各类行政机关应对各种突发性公共事件的一种总体的规划，是明确它们在处置突发公共事件过程中的职权与职责、权利和义务的工作方案，[①] 但并没有过多授予其限制公民权利的权力。但是，在战争、动员和戒严体制中，公民权利的克减则是大规模的，甚至是彻底的。我国《国防法》第48条则规定，国家根据动员需要，可以依法征用组织和个人的设备设施、交通工具和其他物资。《戒严法》第4条也规定，国家可以依照本法在戒严地区内，对宪法、法律规定的公民权利和自由的行使作出特别规定。

（二）实施条件不同

行政应急管理体制的启动条件是某行政区域内发生了突发公共事件。突发公共事件是指突然发生，造成或者可能造成重大人员伤亡、财产损失、生态环境破坏和严重社会危害，危及公共安全的紧急事件，主要包括自然灾害、事故灾难、公共卫生事件和社会安全事件。而战争、动员和戒严体制的启动条件是国家发生了宪法或法律所认定的紧急状态。从学理上分析，紧急状态与突发公共事件在严重程度、可控性和影响范围等方面都是极不相同的概念。只有当发生了对国家政权、社会公共利益、人民的基本权利造成十分严重，甚至是毁灭性破坏的特别重大的突发公共事件时，立法机关才可能宣布进入紧急状态。从实定法上分析，为世界许多国家的宪法或法律所明确认定的紧急状态主要限于全国或局部战争，大规模的动乱、暴乱和叛乱，严重的恐怖活动等。[②] 我国《戒严法》第2条规定："在发生严重危及国家的统一、安全或者社会公共安全的动乱、暴乱或者严重骚乱，不采取非常措施不足以维护社会秩序、保护人民的生命和财产安全的紧急状态时，国家可以决定实行戒严。"《国防法》第44条也规定："中华人民共和国的主权、统一、领土完整和安全遭受威胁时，国家依照宪法和法律规定，进行全国总动员或者局部动员"。也就是说，当发生了特别重大的突发公共事件，特定国家机关认为需要进入紧急状态时，国家行政应急管理体制就自动让位于国家紧急状态体制了。

三、行政应急管理体制与政府的常态管理体制的区别

行政应急管理体制的任务虽然与政府的常态管理体制的任务存在部分重合，如对突发公共事件的预防和信息监测工作、应急资源的储备工作，在这两种管理体制中都可以完成，但是它们之间的差异也是相当明显的。主要体现为以下三个方面：

---

① 吕景胜. 制定我国《紧急状态法》若干问题研究［J］. 中国软科学，2003（06）：24-29.

② 徐高，莫纪宏. 外国紧急状态法律制度［M］. 北京：法律出版社，1994：1-5.

（一）存续的时间不同

从学理上分析，行政应急管理体制与政府的常态管理体制是占据两种交替性的、互不隶属的时间结构，即短暂的时间结构和连续的时间结构。常态管理体制先于应急管理体制，当突发公共事件发生时，应急管理体制取代常态管理体制，当突发公共事件结束时，常态管理体制重新恢复，应急管理体制退居幕后。应急管理体制是对政府常态管理体制的打断，是一种短暂的、临时的时间结构。应急性紧急权力只适用于突发公共事件存续期间，当应急的时间结构转变为正常状态的时间结构时，应急性行政权力将不再适用。从实定法上分析，世界各国的宪法或法律都明确规定应急体制的存在具有暂时性和自我毁灭性。[①]

（二）行政权力所需遵循的程序要件不一样

与常态下的行政权力所需要遵循的程序相比，在应急管理体制中，应急性行政权力所需遵循的程序将大大简化。[②] 因为应急行政权力需要处置的是一种突发公共事件，它们具有突发性、无序性、破坏性等特点。与常态下的行政主体相比，应急状态下的行政主体在行使权力的目标和条件上有重大不同。前者的目标是以一种相对理性的方式发现需要处理的行政事务的真相，而后者的目标是控制突发公共事件的蔓延；在条件方面：就时间而言，前者在最终做出行政决定前可有充足的时间反复修改，而后者由于事件的突然爆发，只有极有限的反应时间；就信息而言，前者可以通过民主协商、开展听证会等方式获得较为充分的材料，而后者，行政机关不可能在极为有限的时间内掌握和控制所要处理的事件的充分信息，有时，突发公共事件发展迅速，而信息传递需要过程，最高行政决策机关所掌握的信息又滞后，甚至不准确。因此，行政紧急权力的程序与正常状态下的行政权力行使程序有很大不同，它极为强调简便、高效。

（三）行政权力的强度不同于常态管理体制下的行政权力强度相比

应急管理体制中的行政权力将通过各种不同方式的集中而得以强化。尤其是在发生特别重大的突发公共事件时，应急性行政权力的集中趋势更为明显。在现代民主宪政国家，国家机构的职权在水平方向上一般可以分为立法、行政和司法三权。这三权分工负责，相

---

① 法治赋：宪法专论（二）[M]. 月旦出版社，1994：108.

② 戚建刚. 行政紧急权力的法律属性剖析 [J]. 政治与法律，2006（02）：46-52.

互制约和合作。在垂直方向上，则根据国家机关等级不同，分为中央国家机关的权力和地方国家机关的权力，它们之间也是分工负责、相互制约和合作的关系。这样一种权力安排在国家发生特别重大的突发公共事件时，则会被打破。不论在水平方向，还是垂直方向，总可以看到行政机关的权力在增强：立法机关和司法机关的权利转移到行政机关，而地方国家行政机关的权力转移到中央国家行政机关，分权机制无法发挥作用。这是因为分权机制的特色在于："不是积极地增进效率的原理，而是消极地防止滥用权力的原理。就是说，它的目的不是为避免权力之间的摩擦，而是想通过不可避免的权力摩擦，使国民从专制下解放出来。"① 这是分权制约的积极价值，但是这种积极价值在应对突发公共事件中却无法充分实现。因为，在处置重大的突发公共事件过程中，行政机关，特别是中央行政机关必须通过必要的集权来恢复正常的社会秩序，分权妨碍了行政机关采取迅速的紧急应对措施。

应急性行政权的集中，可以通过以下不同方式来实现：①委任立法。即立法机关将制定法律的权力自愿移交行政机关，意味着立法机关坦白承认有许多危险突发公共事件，它无能或无力通过制定应急性法律来解决。如《阿拉伯联合酋长国临时宪法》（1976年）第113条规定，在最高委员会闭会期间，如因刻不容缓的紧急情况，必须立即颁布联邦法律时，联邦总统和部长会议可以以法令形式共同颁布具有法律效力的必要的法律，但是内容不得和本宪法的规定相抵触。②增设新的应急性行政机构。从世界突发公共事件应对较为成熟的国家的经验来看，每一次大的突发公共事件的发生，往往伴随着新的应急性行政机构的设立，这些机构将政府相关职能部门的权力集中于一身从而行使着相当广泛和综合性的权力。

第二节　我国行政应急管理体制的主要特点

基于长期的实践积累，我国的行政应急管理体制也正向着更加健全的方向发展，在整个体制的完善过程中呈现出以下特点：

一、由国务院和县级以上地方各级人民政府统一领导

《突发事件应对法》第9条明确规定"国务院和县级以上地方各级人民政府是突发事

① ［日］佐藤功. 比较政治制度［M］. 刘庆林，张光博，译. 北京：法律出版社，1984：1.

件应对工作的行政领导机关”，即主要是国务院和县级以上人民政府依照法定权限确认突发事件的发生并决定相应的紧急处置措施。在第7条规定各级人民政府和国务院有关部门对突发事件应对工作负责的基础上，明确国务院和县级以上地方各级人民政府是应急管理工作的行政领导机关。按照我国有关立法，国务院是全国应急管理工作的最高行政领导机关，国务院各有关部门则根据有关法律、行政法规的规定，在其法定职责范围内负责相应类别突发公共事件的应急管理工作。县级以上地方各级人民政府是本行政区域应急管理工作的行政领导机关，要根据《突发事件应对法》和各种应急类单行法律、法规及其他专项应急预案、部门应急预案，以及应对各类突发公共事件的需要，结合实际明确应急管理的指挥机构、办事机构及其职责。

二、开始明确应急机关和设置专门的应急管理机构

在《突发事件应对法》出台之前，我国并不缺乏各级政府处理突发事件的议事协调机构，如防治非典型肺炎领导小组以及一些职能部门，如卫生机构、安全生产监督管理部门等，但它们是政府的某一个工作部门或议事协调机构或临时成立的机构，有的缺乏法定权限，有的机构之间的关系没有理顺，并不是处理突发事件的专门机构。鉴于此，目前我国已经开始在各级政府中明确应急机关和设置专门的应急管理机构，将应急管理工作提上了政府日常工作的日程。设立由行政首长负责的各级政府应对突发公共事件的专门机构，由涉及突发公共事件应对的有关部门参加，通过立法赋予其特别权力，建立从中央到地方的突发公共事件应对组织体系。例如，在国务院办公厅设立国务院应急管理办公室，履行值守应急、信息汇总和综合协调职责，发挥运转枢纽作用；国务院有关部门依据有关法律、行政法规和各自职责，负责相关类别突发公共事件的应急管理工作。以地方各级人民政府作为本行政区域突发公共事件应急管理工作的行政领导机关，可以根据突发事件的不同类型，在此基础上设立突发事件应急指挥机构，如对于自然灾害，我国有承担抗洪救灾职责的防汛指挥部；对于灾难事故，我国有抗震救灾指挥部、防火总指挥部，等等。这样可以充分发挥各类应急管理机构的专业性和权威性，使行政应急管理体制逐步走向专业化的轨道。

三、以基层负责为主，上级负责为辅；以属地管理为主，行业管理为辅

《突发事件应对法》第4条规定：“国家建立统一领导、综合协调、分类管理、分级负责、属地管理为主的应急管理体制。”具体来说：

县级人民政府对它本身所管辖的行政区域内所发生的突发事件负责，在突发事件发生

的第一时间里，县级人民政府应当立即采取相应措施控制事态的发展，避免事件的恶化，同时应积极地组织开展应急救援和处置工作，并立即向上一级人民政府报告实情，如果事态不在自己的控制范围内，则不需要逐级上报，可直接越级上报。如果突发事件危及两个以上的行政区域，则由相关行政区域的共同的上一级人民政府负责。也就是说，如果公共突发事件涉及两个以上的行政区域，而这两个以上行政区域的上级人民政府是相同的，那么突发事件就由它们共同的上一级人民政府负责。但是，如果突发事件所涉及的两个以上行政区域不具有相同的上一级人民政府，那么各个行政区域的上一级人民政府应共同负责。总之，我国的突发事件应对管理工作由居于基层地位的县级人民政府承担主要责任，只有当县级人民政府无力承担时，才由其上级人民政府负责。

另外，法律作出了例外规定，“法律、行政法规规定由国务院有关部门对突发事件的应对工作负责的，从其规定，地方人民政府应当积极配合并提供必要的支持。”也就是说，明确了突发事件应对管理工作以地方人民政府的属地管理为主，但又允许国务院有关部门的行为管理为辅。换言之，在强调属地管理的同时，可以根据民航、铁路、海事等行业或领域发生突发事件的特殊性进行协调管理。

四、国家应急管理法律体系基本形成

目前，我国应急法律体系已经趋于完备，相继颁布了有关突发公共事件应急管理的法律、行政法规、部门规章，有关法规性文件，以及紧急状态法和部门应急法规。这些法律、法规、规章和法规性文件所涉及的内容比较全面，既有综合管理和指导性规定，又有针对地方政府的硬性要求。2007 年 8 月 30 日全国人大常委会通过、2007 年 11 月 1 日起正式施行的《中华人民共和国突发公共事件应对法》，是我国第一部应对各类突发事件的综合性基本法律，也标志着行政应急管理走向了法治化的轨道。

第三节　我国行政应急管理体制的建构原则

突发事件一旦发生，行政应急管理体制则开始运行，行政机关应在最短的时间内运用其紧急权力迅速地做出应急反应，以有效地降低各种损害，保障国家、人民的安全。所以，在行政应急管理过程中，应遵循以下原则：

一、依法行政原则

任何国家权力的运行都不能脱离法治的轨道。国家紧急权也不例外，首先，必须有宪

法上的依据。宪法是国家根本大法，任何国家权力都应当具有宪法依据并在宪法的约束之下。现代意义上的国家紧急权是宪法制约下的国家特殊权力。宪法是国家紧急权的权力来源，国家紧急权的运用不得与宪法相抵触。其次，国家紧急权的行使受到法律的限制。只有当国家或某一地区出现危及国家安全、公共利益或人民权益的突发公共事件，国家社会秩序遭到破坏，依靠正常的法律秩序不足以应对危机的情况下，国家才能动用紧急权。现代法治国家的基本理念是不存在任何不受制约的权力，为了防止国家紧急权被滥用甚至转向专制，防止以国家紧急权的借口来破坏普遍的民主、法治的基本价值，现代国家无一例外地在宪法或法律中规定了国家紧急权的行使主体、运行条件、行为程序及法律效力。

依法行政原则是行政法治的一项基本原则，是一切行政权力运行必须遵循的首要原则，行政应急管理行为也不例外。依法行政原则可以具体化为：

第一，职权法定。行政应急管理行为必须由享有法定行政应急权的行政主体作出，并非任何人、任何机关均能实施应急管理行为。行政主体超越法律规定的职权实施应急行为时，必须在事后取得有权机关的追认方才有效。

第二，法律保留。行政应急权属于国家紧急权的一种，其行使可能对公民权利造成更多的限制甚至侵害。行政应急管理行为属于法律保留的事项，行政应急管理行为的法定主体、行政应急权的范围和原则、实施行政应急行为的条件、程序以及对行政相对人的救济等事项，必须由法律进行规定。政府只能在行政应急法律的范围内行事，或者只有在法律明确授权时才能进行紧急立法或突破法律采取紧急措施。[①] 区别于一般行政管理行为，政府应对突发事件需要更多的自主权，因此，与应急有关的法律都给予行政机关高度的自由裁量权，这种自由裁量行为得到司法权力的尊重。

第三，法律优先。所谓法律优先是指在已有法律规定的情况下，行政机关的任何行政活动都不得与法律相抵触。在紧急状态下，为了及时有效地组织和运用国家各种资源，防止危害的扩大，消除危险，行政机关不能囿于一般的法律规定，而必须采取可能与一般法律相抵触的措施，但是这并不违反法律优先的规则，因为这些紧急措施虽可能违背一般法律的规定，但是可能正是为了因紧急状态专门法律的需要，而且其也不能违背法律的一般原则和根本目的。[②]

二、行政应急性原则

行政应急性原则是现代行政法治的重要内容，是指在必要的情况下为了国家利益和社

① 马怀德. 应急反应的法学思考［M］. 北京：中国政法大学出版社，2004：112-113.

② 马怀德. 应急反应的法学思考［M］. 北京：中国政法大学出版社，2004：112.

会公共利益，政府可以运用紧急权力，采取各种有效措施，包括采取必要的对行政相对人法定权利和合法利益带来某种限制和影响的措施来应对紧急情况。

为了控制和消除突发事件带来的严重危害性和社会威胁性，对应急管理的制度设计也应当以控制和消除这些危机为出发点，所以说，应当给予行政机关相应的权力实施行政应急措施，即使这些行为可能没有法律依据或者会与一般性法律相抵触，但只要是能够有效地控制和消除各种危机，也是符合法治主义要求的。

行政应急性原则的另一层含义为：为保障重大公共利益，维护正常的经济、社会和法律秩序，政府得在面临重大突发事件时采取紧急措施，既包括实施法律法规明确授权的行为，也包括先予实施没有法律授权的紧急措施并于事后请求追认，甚至暂停某些法律规范的实施；既可以对公民的某些宪法权利加以限制或者剥夺，也可以遵循较平常更为简洁的紧急程序。应急性原则改变了日常法律确定的国家机关与公民之间的权利义务关系，将重心向国家机关倾斜，授权政府在第一时间采取紧急处置手段，有助于及时迅速有效地控制危机事态的发展。

然而，在这种情形下，政府拥有了较平时更为膨胀的权力。“无限制的权力必然导致政府腐败，必然摧毁人民的自由和权利”，因此，为了规范这种权力，各国在立法和实践中一般都对行政应急权力进行了限制：①存在明确无误的紧急危险；②适用应急权力的主体仅限于有权机关，非法定机关行使了紧急权力，事后应当由有权机关予以确认；③必须依照有关法律规定的特别程序；④应急管理行为受有权机关的监督；⑤应急权力的行使应当适当，尽可能将负面损害控制在最小的程度和范围，对明显可以不限制或不侵犯的公民权利和公民自由，不得限制或侵犯。

总体而言，应急性原则与法治原则二者并不冲突，并非法治原则的例外，相反，在性质上它属于法治原则在应对突发事件领域的个别化，这具体表现在应急性原则本身为紧急权的行使提出了现实性、科学性、专属性、程序性等方面的要求，必须在法治的范围内展开。归根结底，应急性原则是在坚持法治原则的基础上兼顾并侧重行政应急效率的实现，并没有脱离法治原则，而是法治原则的重要内容。

三、应急效率原则

国家赋予行政机关以紧急权力就是为了能够及时有效地解除各种紧急危险。突发事件具有很强的破坏性，对公民的人身财产安全、社会公共秩序都构成严重威胁甚至可能造成重大损害，为应对它而采取的紧急权力更对公民某些基本权利进行了限制，因此越早消除突发事件和结束紧急状态，就越能降低突发事件和紧急状态对社会的负面影响。这就涉及一个应急效率的问题，政府在保证其应急管理行为合法性的前提下，应当采取有效措施迅速控制突发事件的发展，尽快恢复经济与社会的正常秩序，这是突发事件应对法在促使政府完成应急任务的基础上，对政府行为方式提出的更高要求，也是政府应急职责的一个方面。

应急效率原则要求行政主体必须积极作为，迅速行动，在第一时间能做出正确的反应，政府做出的决策越早，主动性就越强，否则事态恶化，就越趋被动，因此政府反应时间的长短决定了处理突发事件的成功与否。

在突发事件发生时，当地政府必须从实际情况出发，不能因为事件本身对本部门或者本地区不利就采取相应的隐瞒和遮掩措施，必须在第一时间作出反应，及时采取最有效的措施控制事态的发展，并同步组织展开援救和相关处置工作，并立即向上一级人民政府报告；同时，由于突发事件的发生往往涉及多个地区，具有全局性，如果逐级汇报可能耽误危机处理，因此允许越级上报。

四、行政公开原则

在行政应急管理中，由于行政机关享有更多的自由裁量权，行政公开对于保障公民的知情权、监督行政应急权依法行使、防止行政机关滥用其权力，有着十分重要的作用。现代行政的一个重要发展趋势就是行政公开，通过增强行政的透明度，可以有效防止腐败现象的发生，这也是政府廉政建设的一个重要内容。行政主体在进行行政应急管理时，除涉及国家机密、个人隐私和商业秘密之外，必须遵循行政公开原则，包括公开行政决定、行政程序、突发事件信息等。根据《政府信息公开条例》的相关规定，公开也是政府的一项义务。

在我国传统的行政管理思维中，常常担心公开可能引起社会恐慌，不利于突发事件的应对，但事实证明，公开不是导致公众恐慌、社会动荡的原因，相反由于没有正规渠道发布权威信息，造成谣言满天飞，这样的教训已经很多。在行政管理实践中，应破除“民可使由之，不可使知之”的传统观念，坚信“谣言止于真相”。政府发布权威信息应迅速、准确。因为突发事件的各种特性，在短时间内很难查清真相和原因，但至少对突发事件的基本情况要准确地公布。现代信息社会，网络高度发达，长期隐瞒事实真相是不可能的。除了发布和传达信息公告，政府的相关部门，例如最基层的社区等机构要立刻开始向公民说明原因，交代情况，做大量而详细的解释，这样才有利于民众更好理解政府的意图和公告内容。这样在突发事件发生后，公民才能更好地配合政府开展自救互救。

关于行政公开原则，《突发事件应对法》第 10 条规定：“有关人民政府及其部门作出的应对突发事件的决定、命令，应当及时公布。”就是说，任何行政决定，只要涉及突发事件管理事项，无论是行政政策、行政立法、行政执法还是行政裁决、行政复议，最终的决定内容都应当以适当的形式公开。《突发事件应对法》第53条规定：“履行统一领导职责或者组织处置突发事件的人民政府，应当按照有关规定统一、准确、及时发布有关突发事件事态发展和应急处置工作的信息。”在发生紧急状态时，政府必须及时准确地向公众发布关于突发事件的信息，如果不发布，在当今信息高速发展的社会里，公众肯定也会从其他渠道得到这个消息，而且通过不同渠道的夸张、渲染，形成一些谣言会加重公众的恐慌心理，那样只会造成更坏的影响。为了避免造成公众的不安，最好的办法就是尽快地把准确的信息公之于众并提出相关建议。

五、预防为主、防治结合的原则

在长期应对各种突发事件的过程中，人们也积累了一些共同的经验，如“预则立，不预则废”，“有备而无患”，“预防为主、防治结合”等，这些认识也逐步成为世界各国行政应急法制的共同原则。

突发事件的应对从具体内容上看可以分为三个阶段：预防准备、事中应对和事后恢复。由于突发事件的特性，人们往往更容易重视后两个阶段，毕竟已经造成了损害。但在应对突发事件时，我们不能等到其发生后，才开始被动地去应对，而应该重视危机的预防，贯彻预防为主，预防、应对、恢复相结合的方针，使得在突发事件真正发生时不至于乱了阵脚。在突发事件发生时，事前有预防准备工作的话受到的损失也相对较小。

因此，在应对突发事件的时候必须坚持预防为主、预防与应急相结合的原则，防微杜渐，把工作重点放在事前预防上，做到在危机来临时的有条不紊：①把危机的前期控制过程纳入政府长远的战略目标、规划与日常管理当中，如制定长期的突发事件应对计划、加强战略规划、搞好物资储备和长期预算、设立意外事故基金；②对各种突发事件做详细分类，在各应急法领域建立健全突发事件应对预案制度，预警监测制度，有针对性地、有组织地做好预防工作；③积极实施灾害预防公共意识养成计划和保险计划，定期组织危机应对训练。

做好了预防工作，不仅能够节省突发事件应对过程中各项资源的消耗，甚至有可能避免突发事件的发生。所以说，在应对各类突发事件时，应当以预防为主为指导方针，始终遵循预防为主、防治结合这一原则。

六、社会动员原则

人们普遍会固守这样一个观念，即我们的政府是万能的，但现代政府管理实际上更需要公民参与到社会各项事务的管理之中，行政应急管理也不例外。我们不得不承认，在突发事件的应对过程中，政府在权力、信息、组织等各方面都具有相当大的优势，所以，面对各类突发事件，政府必须是处于核心领导地位的，可以想象，面对突发事件，没有政府的状况下公众将处于十分慌乱的境地。但是，在应对突发事件的过程中，普通民众也应该定位好自己的角色。一方面积极了解突发公共事件的性质，以及实时的信息，并理解自己在这个事件当中处于什么样的位置，可以的话采取有效的行动，保护自己的同时又帮助政府；另一方面在平时多了解各式各样的危机事件，比如发生地震的时候你应该知道如何处理，如何保护自己，不要打手机，即时找到安全的地方保护自己。所以说，应对突发事件，是每个社会成员的事，仅仅依靠政府的力量是不可能完全解决危机的，需要全体公众的参与和支持，每个社会成员也应不断加强应急防范意识，掌握一些基本自救能力。

第四节　我国行政应急管理体制的建构策略

在我国当前的政府管理工作中，行政应急体制也逐步在彰显其重要性，鉴于我国现行行政应急管理体制存在的不足，结合突发事件自身的特征，必须建立健全我国的行政应急管理体制，才能更好地应对各类突发事件的发生。对于建构我国行政应急管理体制的建议主要有以下方面：

一、建立健全行政应急法律体系

（一）对紧急状态制度做详细规定，促进《紧急状态法》的尽早出台

2004 年 3 月 14 日第十届全国人民代表大会第二次会议通过了宪法修正案，将现行宪法中第 67 条、第 80 条和第 89 条有关“戒严”的规定修改为“紧急状态”。一方面我们应该肯定这是对我国紧急状态制度的进一步完善，但另一方面我们也可以看到关于紧急状态制度的法律规定还是过于简略，可以对什么时候进入紧急状态、进入紧急状态后应遵循什么原则等方面作明确、详细的规定。

同时在宪法层面，需要加快《紧急状态法》的立法步伐。在我国，一些单行的法律，诸如《传染病防治法》《防震减灾法》等都只能适用于一种紧急状态，一旦出现一些复合型的突发事件，就很难完好地应对危机，所以需要一部完整统一的应急管理法律。一般突发事件的行政应急法制有赖于《突发事件应对法》的实施，多数情况下还不至于上升至宪

法层面，而全面、系统的紧急状态法治化则需要一部更高层次的《紧急状态法》。现行的《突发事件应对法》在附则里对紧急状态作了一个过渡性的规定，为紧急状态立法奠定了基础。《突发事件应对法》第69条规定，“发生特别重大突发事件时，人民生命财产安全、国家安全、公共安全、环境安全或者社会秩序构成重大威胁，采取本法和其他有关法律、法规、规章规定的应急措施不能消除或者有效控制、减轻其严重社会危害，需要进入紧急状态的，由全国人民代表大会常务委员会或者国务院依照宪法和其他有关法律规定的权限和程序决定。紧急状态期间采取的非常措施，依照有关法律规定执行或者由全国人民代表大会常务委员会另行规定”。可见，制定《紧急状态法》将是一种必然，它可以把各种类型的突发事件纳入一个统一的法制体系当中，不仅可以迅速地应对危机，也能更好地规范国家紧急权力同公民权利之间的关系。

（二）规范配套行政法律法规的具体制度

我国现有应急法律法规只是一些原则上的规定，应当尽快出台相应的实施细则，以增强其操作性；完善行政紧急程序法律规范，设专门章节规定行政紧急程序的相关内容，对行政应急措施的适用范围、程序及原则、约束机制、补救机制等内容均应加以具体明确的规定；在行政应急原则的指导下，对其他具体的配套制度加以完善，如社会动员制度、突发事件预警制度、行政公开制度、行政征用制度等等。这样，紧急状态下行政应急法制的内容也就更加完善且具有规范性了。

（三）增强应急法律体系的协调性

通过出台相应的法律、法规来界定政府在紧急情况下的职责和权限，理顺各方面、各部门的关系。对现有应急法律、法规和规章的修改、补充和废止，必须依照应急法律规范的不同效力等级来作出，这种系统性的清理，对同一层次或者不同层次应急法律法规之间的不统一、不协调的内容的整理规范，可以有效地避免政府相关部门在处理突发事件时可能发生的冲突和矛盾，也回避了可能会采取没有法律依据甚至同法律相抵触措施的情况，保证了突发事件的有效解决，增强了应急法律体系的协调性。

二、完善我国行政应急管理制度

（一）建立与完善预警机制

这是为了及时发现突发事件的产生而人为将各种因素耦合成的一套运作模式。突发事件不会天天有，但警惕性必须时时保持。要筹建突发事件预警系统，一旦有突发事件的征兆，运用预警系统提前发出警报，尽可能地减少损失。预警系统的建立主要依靠各种现代科学技术手段，以自动化的、全方位的信息采集与信息沟通为平台，保证行政部门或突发事件应急处理中心与信息前端采集点之间的信息畅通，给决策者提供准确的信息。突发事件应急机构需要建立联合信息通报制度、重大信息分析和评价制度、信息发布制度。在突发事件发生的第一时间内，迅速作出反应，通过网络及时搜集相关的信息，对信息的编译、分析和研究要同步进行，在最短的时间内完成对事件的研究咨询任务，满足决策部门的需要。预警制度的建立需要健全的突发事件汇报制度和全国范围的突发事件公告制度，突发事件信息的界定和分类、各层级汇报各类突发事件信息的时间限制、特大突发事件的特殊汇报方式、责任追究等都要加以明确。

（二）建立统一的、专门的、常设的突发事件应急管理机构

长期以来，我国形成了单灾种分部门、分地区的单一灾害管理模式。每次突发事件发生后，各级政府就会根据其程度，临时成立一个指挥部或委员会，来处理各种紧急事务。如果是地方性的突发性紧急事件，地方比如省级政府会成立相应临时机构；当遇到像单个省市无法处理的紧急事件时，中央政府如果有现成的机构，比如国家防汛抗旱总指挥部就利用这种机构进行紧急事务的协调和处理，如果没有现成的机构就会成立一个临时委员会或指挥部，协调各个省市的救灾与紧急事务处理工作。但这种临时成立的机构明显存在很多问题，首先，不具有延续性，因此突发性紧急事件处理后的经验不能够有效保留；其次，突发性紧急事务处理需要各个政府机构的合作，临时机构每次需要大量的时间与相关的机构进行协调，这样会加大紧急时期社会管理的成本和造成资源浪费；最后，临时机构事先没有一个有效的紧急事件应急管理计划，而专门的危机处理协调机构有一套成熟的危机处理操作方案。

为更好地处理突发事件，我国应建立统一的、专门的、协调的、常设的突发事件应急管理机构。从我国的情况看，应在国务院设立应急指挥协调的专门机构，强化中央政府的综合协调、统一指挥能力，然后针对特定的突发事件设立专门的职能机构，这些职能机构并不直接应对突发事件。常态下，主要是对各类突发事件进行预警分析，整理应对突发事件的相关措施，并进行相关的应急演练、宣传教育等工作。非常态下，也即突发事件发生后，则是积极响应国务院关于应急事务的相关决定，针对特定的突发事件合理调配资源，组织协调各地区应对突发事件。

（三）加强和完善责任制度

我国现代政府管理的行政方式正逐步转化为公共行政，但合理的公共行政体系的建立还有一段很长的距离，其中最关键的因素就是没有建立起责任行政。在应对突发事件时，国家往往赋予了政府以行政紧急权力，但在行使该权力时必然会限制公民的相关权利，从而导致了政府与社会成员关系的不融洽。此时，就需要我们的政府在坚持依法行政原则的基础上，通过一定的行政指导，不断追求政府与公民之间的和谐关系，增强公众对政府的信任，在行政权力和公民权利之间形成良性的互动关系，这样有利于突发事件的解决。

所以说，要加强突发事件责任机制的建设，在突发事件发生之后，相关部门应及时介入，将责任机制作为应急管理过程中必不可少的内容。突发事件责任机制的完善，需要同时建立行政执行责任制度、行政过错追究制度、行政问责制度、行政监督制度等等。总之，完善的责任机制在应对突发事件中已逐步凸显了其重要性，是行政应急管理制度不可或缺的一部分。

（四）建立完善的应急管理物资储备机制

建立突发事件应急管理物资储备机制的目的在于确保发生突发事件时，我们有充足的物资储备能够及时高效地供应紧急情况下所需的物资，将各种突发事件造成的危害降到最低限度。应急管理物资储备是突发事件应急体系建设的一个重要组成部分。目前，我国的地（市）、县级存在应急管理物资储备不足或很少的情况，一旦发生较大突发事件，难以有效处理。所以，必须根据突发事件发生、发展的自身规律，从全国的角度来统一规划，合理布局。同时，各类突发事件具有不同的特点，需要的具体储备物资也有所不同。而且，我国地域广阔，各地易发生突发事件不尽相同，当发生重大传染病疫情、自然灾害等突发事件时，从国家得到的援助至少要在事发后的 1～2 天才能到达。因此，必须本着节约资源、提高效率、有效应对的方针，按照统一规划、分级储备的原则，制定国家、省、地（市）、县四级物资储备目录和标准，采用中央与地方分级储备，以地方储备为主，中央储备为辅的储备方式。此外，还要根据突发事件应急工作贯彻统一领导、分级负责的原则，结合突发事件的级别制定应急物资管理制度。应急物资储备是一项系统繁杂的工程，所涉面广，需要多部门和企业的配合参与，如储备物资的计划管理、调用、储存和资金的管理，因此，必须逐步建立起应急储备物资管理制度，并遵循“无偿调用，及时填平补齐”的原则，保证储备物资的动态平衡。

（五）完善恢复机制

在处置完突发事件后，就进入了恢复阶段。完善的恢复机制可以使恢复工作迅速有序地展开，保证社会生活的连续性。基层政府要制定恢复计划，在尽可能短的时间内解决受到突发事件损害的社会成员的生存问题。除了经济方面的恢复，还应重视公众心理方面的问题，要组织、实施心理干预。通过积极的心理干预，使公众保持心理健康。突发事件并非对所有的人起同样的作用，适应能力越强越容易理性面对突发事件。

三、建立完善的信息披露机制

政府应急处理中，有一种潜在的、看不见的危机酝酿，其对社会的经济、政治稳定的破坏性和杀伤力是不可低估的，这就是因缺乏正规的信息发布而产生的谣言和恐慌。突发事件发生后，人们在震惊和恐慌的同时，会千方百计地寻找与事件相关的任何消息，包括小道消息、各种传闻等。人们的这种行为其实是一种本能的反应。如果正常的信息被掩盖，公众得到的信息肯定是失真、至少是不对称的，可能谣言满天飞，恐慌进一步加剧。因此，政府应该及时准确地发布信息，涉及突发事件也应尽早地公开预报信息，信息越早越准确地发布，就越有利于维护社会的各项秩序。

首先，规定突发事件应对措施的法律、行政法规等规范性法律文件必须公布。公开是法律的本质所在，是法律生效所不可缺少的要件之一。这是因为，作为由国家制定的社会规范，法具有告知、指引、评价、预测、教育和强制等规范作用。而法的这种规范作用必须以公众了解为前提，否则就失去了其存在的理由和基础。突发事件应对措施的依据，指的是授权突发事件应对主体对相对人实施应急管理行为的法律依据，这些依据一方面对行政主体在什么情况下可以采取什么样的应急措施进行授权，另一方面也界定了行政机关实施应急措施的权限、条件、程序等。公开这些法律依据，有利于行政相对人和社会各种力量对行政主体是否合法、合理地行使行政紧急权力进行监督，促进公共应急法治的实现。

其次，政府部门应将有关突发事件本身和突发事件应对的各种信息向社会全面公开。在应对公共突发事件期间，多数人往往无法了解真实和全面的情况，容易造成心理恐慌和秩序混乱。而应急管理措施的实施也可能进一步加剧民众的恐慌心理。突发事件所造成的恐慌情绪使公民的知情权显得尤为重要。消除这种混乱局面的最佳方式就是把采取突发事件应对措施的真相、法律根据、必要性和目的尽可能迅速和全面地公之于众，这样才能为政府和公民共同应对紧急危险创造相互信任的环境。

最后，规范突发事件的新闻报道。新闻媒体作为传播信息的重要渠道之一，真实、准确的报道能够在应对突发事件过程中稳定人心，否则也会造成严重的后果。根据应急管理的不同阶段，可以把新闻媒体对突发事件的报道分为前期、中期和后期，每一阶段报道的侧重点都有所不同。在初始阶段，媒体应集中报道发生了什么事情，对事情的情况了解到什么程度，对现场情况的客观评价。如果要进行采访，则尽量安排事件的目击者和应急处置工作的亲自参与者。在伤亡人员的详细情况还未得到证实和其亲属还未被通知的时候，此方面的消息一般不应公开，而应当解释说还需要较长的时间来对被害人进行鉴定。信息公开的程度以避免出现偏见、误解为准则。在中期，随着事件应急处置过程的发展，新闻媒体关注的焦点就会转移到医疗救护部门或避难场所，以采访受害人的情况。而在后期，作为新闻报道的一个连续过程，在这个阶段主要应从正面报道进行恢复的进程、社会公众对事件应急过程的评价以及恢复阶段所遇到的困难，以获得社会的支持。

四、提高应急管理的社会参与度

毋庸置疑，政府在突发事件的预警、反应和灾后重建的过程中，发挥着最主要的作用，但仅仅依靠政府的力量并不能做到真正意义上的突发事件应急管理。因此，在强调政府部门突发事件应急管理的快速反应性、责任性、透明性等原则的同时，也要运用公共治理理论，实现政府突发事件应急管理体制参与主体的多元性，最大可能地吸纳社会各种力量、调动各种社会资源共同应对突发事件。这些社会力量包括了非政府组织、志愿性社团、协会、社区组织、利益团体和公民个人。

在通常情况下，公民个人是突发事件直接威胁的对象，此时，公众的生命和财产安全便成为行政应急管理最为重要的内容，而公众自身的危机意识、危机预防能力和危机应对水平便成为决定政府应急管理质量的重要因素。《突发事件应对法》也明确规定了每个公民都有义务参与突发事件的应对工作，所以一方面要树立公民自身的义务观念，另一方面政府也应该引导公众正确认识危机，教会公众掌握基本的应对突发事件的方法和措施，学会自救和互救，通过积极宣传和演习训练等各种方式，提高公民应对危机的能力。

在应对突发事件的过程中，要充分发挥非政府组织的作用。作为社会的自发组织体系，非政府组织在政府和公民之间起到了协调各方利益、积极促进社会和谐的桥梁作用。而且在应对突发事件的过程中，往往各类事件都有其独有的特征，非政府组织的介入可以对政府应对危机专业性不强的问题加以弥补。所以在各级政府所制定的突发事件应急预案中，社会公共资源应将非政府组织包含在内，并对非政府组织的权利与义务加以明确的规定，从而真正发挥非政府组织的作用。

通过非政府组织、社会团体等组织的力量可以很好地凝聚民间的力量、整合各种社会资源，通过参与突发事件的应急管理，能不断增强公民对政府的信任。因此，在应对突发事件时，不要单纯地依赖政府，要充分调动社会各层次的力量来应对危机，这样才有强大的合力，有助于保证应急资源的有效供给，增强突发事件应对的信心和能力，提高应急管理的质量和效率。

第四章　安全事故的应急救援研究

第一节　安全事故应急管理概述

一、安全与安全生产

（一）安全的含义

1. 安全

安全，通常指人们在生活或劳动过程中平安、安稳和顺利，没有受到伤害、不出事故的状态。韦氏大词典对安全的定义为："没有伤害、损伤或危险，不遭受危害或损害的威胁，或免除了危害、伤害或损失的威胁"。从上述概念可以看出，所谓安全，对个人而言，就是生活安全、劳动安全，平安、顺利；对企业而言，就是生产过程安全，设备设施安全。

按照安全系统工程的观点，安全是与危险相对应的概念。一方面，世界上没有绝对安全的事物，任何事物中都包含不安全的因素，具有一定的危险性；另一方面，人们又能够通过积极的预防和控制，把损失风险降到人们可以接受的范围内，即实现人们通常所说的"生产安全"。

2. 生产与安全

社会生产是一个具有风险和不确定的过程，容易受到突发事故的影响，而使劳动者的生命安全和生产企业的财产安全受到侵袭。其安全保障来自两个方面：

一方面来自生产系统的本质安全，即生产设备、设施或技术工艺含有内在的能够从根本上防止发生事故的功能。其具体表现为：第一，失误一安全功能。指操作者即使操作失误，也不会发生事故或伤害，或者说设备、设施和技术工艺本身具有自动防止人的不安全行为的功能。第二，故障—安全功能。指设备、设施或技术工艺发生故障或损坏时，还能暂时维持正常工作或自动转变为安全状态。上述两种安全功能是设备、设施和技术工艺本身固有的，即在规划设计阶段就被纳入其中，而不是事后补偿的。本质安全是安全生产管理预防为主的根本体现，也是安全生产管理的最高境界。

另一方面，安全又来自人们积极的管理活动，即在生产运行过程中，有意识地应用安全系统工程方法，提早辨识系统中的危险源，并采取控制措施使其危险性降到最低，从而使生产或生活系统在规定的性能、时间和成本范围内达到最佳的安全程度。如果实现了上述两种安全，就认为生产系统具有优良的安全性。

（二）安全生产

1. 安全生产的概念

生产过程中的安全，即安全生产，一般认为是指“不发生工伤事故、职业病、设备或财产损失的状况；即指人不受伤害，物不受损失”。《辞海》中将安全生产解释为“为预防生产过程中发生人身、设备事故，形成良好的劳动环境和工作秩序而采取的一系列措施和活动”。《中国大百科全书》中解释：安全生产是旨在保护劳动者在生产过程中安全的一项方针，也是企业管理必须遵循的一项原则，要求最大限度地减少劳动者的工伤和职业病，保障劳动者在生产过程中的生命安全和身体健康。

人类通过生产创造财富，同时生产过程中存在着各种危险有害因素，由于管理、技术和认识等方面的原因，稍有不慎就有可能引起事故的发生，造成人员伤亡，健康损害或财产损失。生产过程是人们组织物质和能量按照人们的意志有序流动的过程，如果物质或能量没有按照人们预定的方式和途径流动，就产生了危险，使安全生产风险提高，就可能发生事故。在生产过程中物质和能量是客观存在的，危险也是客观存在的。

2. 安全生产的目标

在安全生产管理过程中，对人身安全的保障是安全生产第一位的目标。机器设备正常运转中的安全通常涉及三个方面的内容，一是为了保障人身安全，不因设备故障导致人身安全受损；二是不引起设备财产的损失；三是不因设备故障导致生产过程发生非正常中断影响生产。随着人们对人与社会关系认识的进一步深化，安全生产开始涉及更为广泛的含义，其不仅包括生产过程中的人身安全和设备安全问题，还涉及生产过程与周边环境生态和社会的关系，即生产过程或生产的结果不能危害人类生存的环境乃至整个生态系统。

总之，现代安全生产管理就是针对人们在生产过程中可能出现的不安全问题，充分发挥人们的聪明才智，合理运用有效的资源，通过有关策划、计划、组织、指挥、控制和协调等活动，实现生产过程中人与机械设备、物料与环境的和谐，实现安全生产的目标。

二、安全事故

在人们的日常生活、工作和社会活动过程中，存在许多对生命和财产造成严重危害的意外事件，这些事件对人们的安全构成了严重的威胁。因此，了解事故的特性和规律，并实施有效的应急处置，就成为本书的研究目标。

（一）事故的概念与特征

事故（Accident），通常定义为：意外的变故或灾祸。即指工程建设、生产活动与交通运输中发生的意外损害或破坏。美国安全工程师协会（ASSE）对事故的定义为：事故是人们在实现其目的的活动过程中，突然发生的，迫使其有目的的行动暂时或永久中断，并造成人身伤亡或设备毁损的一种意外事件。从上述定义中可以看出，事故的内涵包括以下特征：

第一，事故是一种发生在人类生产、生活活动中的特殊事件，人类的任何生产、生活活动中都可能发生事故。因此，人们若想把活动按自己的意图进行下去，就必须采取措施防止事故。

第二，事故是一种突然发生的、出乎人们意料的意外事件。在一起事故发生之前，人们无法准确地预测什么时候、什么地方、发生什么样的事故。这是由于导致事故发生的原因非常复杂，往往是由许多偶然因素引起的。正是由于事故发生的随机性，使得认识事故、弄清事故发生的规律及防止事故发生成为一件非常困难的事情。

第三，事故是一种迫使进行着的生产、生活活动暂时或永久停止的事件。事故中断、终止活动的进行，必然给人们的生产、生活带来某种形式的影响。因此，事故是一种违背人们意志的事件，是人们不希望发生的事件。

第四，从事故的后果来看，事故这种意外事件除了影响人们的生产、生活活动顺利进行之外，往往有可能造成死亡、职业病、伤害、财产损失或环境污染等其他损失。

一般而言，事故的发生都是从事故隐患开始，从潜在的危险性发展到危害与损失。

因此，有必要加强对安全事故的管理，即通过对事故的抢救、调查、分析、报告、处理和统计，采取相应防范措施，从而提高安全管理水平，防止事故灾害发生。

（二）安全事故的分类

事故应急管理要求对安全事故进行归纳分类，由于研究的目的不同、角度不同，分类的方法也存在差异。以下是几种常见的分类方法：

1. 安全事故的一般分类

常见的事故类型如下：

（1）生产事故。生产过程中，由于操作人员违反工艺规程、岗位操作规程或操作不当等造成原料，半成品或成品损失的事故，称为生产事故。

（2）设备事故。由于生产装置、动力机械、电器及仪表装置、运输设备、管道、建筑物、构筑物等各种原因造成损失或减产等的事故称为设备事故。

（3）质量事故。产品质量（包括工程质量和服务质量）达不到技术标准和技术规范而造成的事故。

（4）火灾事故。凡发生着火造成财产损失或人员伤亡的事故，称为火灾事故。

（5）爆炸事故。由于某种原因发生化学性或物理性爆炸，造成财产损失或人员伤亡的事故，称为爆炸事故。

（6）交通事故。在道路交通运输过程中发生的造成车辆损坏，人员伤亡或财产损失的事故，称为交通事故。

（7）医疗事故。在诊疗护理工作中，因医务人员诊疗护理过失，直接造成病人死亡，残废，组织器官损失，导致功能障碍的事故。

（8）破坏事故。蓄意制造的事故。

（9）环境污染事故和生态破坏事件。包括因环境事件导致人员伤亡、中毒和疏散转移群众；区域生态功能丧失或濒危物种生存环境遭到污染；正常的经济、社会活动受到影响；利用放射性物质进行人为破坏事件，放射源失控造成辐射污染后果；因污染导致城市主要水源地取水中断；以及由于危险化学品生产和贮运中发生泄漏而影响人民群众生产、生活的污染事故等。

2. 按危害后果分类

依照安全事故造成的后果不同，事故分为伤亡事故、物质损失事故和险肇事故三大类。

（1）伤亡事故。伤亡事故是指人体受到伤害后，暂时地、部分地或永久地丧失劳动能力或人员死亡的事故。

（2）物质损失事故。物质损失事故是指在生产过程中发生的，只有物质、财产受到破坏（没有人员伤亡）、使其报废或需要修复的事故。如建筑物的倒塌，机器设备的损坏，原材料及半成品或成品的损失，动力及燃料的损失等，都属于物质损失事故。

（3）险肇事故。险肇事故是指生产经营单位发生的未造成人员伤亡和财产损失，或虽有轻微的人身伤害、财产损失小于1000元或造成工作中断，但只需进行现场应急处理，并可在当日内恢复工作的事件。

3. 按伤亡原因的分类

企业职工在生产过程中碰到的事故通常称为工伤事故。工伤事故是指企业在册职工在生产活动所涉及的区域内，由于生产过程中存在着危险影响，突然使人体组织受到损伤或使某些器官失去正常机能，以致受伤人员立即工作中断的一切事故。

工伤事故的类别是按照直接使职工受到伤害的原因，或引起职工伤亡的第一原因来进行界定。当某一工伤事故由多种因素造成时，应按照事故的直接原因进行分类。例如，工人站在高处进行电气作业，因触电从高位坠落而伤亡，该事故应划入触电事故，而不应算作高处坠落事故。这是因为触电是造成该工人伤亡的直接原因。

根据《企业职工伤亡事故分类标准》（GB6441—86），产业系统工伤事故的类别共分为以下20种：

（1）物体打击。指落物，滚石，捶击，碎裂崩块砸伤等伤害，不包括因爆炸而引起的物体打击。

（2）车辆伤害，包括挤、压、撞、倾覆等。

（3）机械伤害，包括绞、碾、碰、割、戳等。

（4）起重伤害，指起重设备有缺陷或因操作而引起的伤害。

（5）触电，包括电击。

（6）淹溺。

（7）灼烫，包括化学灼伤。

（8）火灾。

（9）高处坠落，包括从架子上、屋顶上及平地坠入坑内等。

（10）坍塌，包括建筑物倒塌、土石、堆置物倒塌。

（11）冒顶片帮。

（12）透水。

（13）放炮。

（14）火药爆炸，指生产、运输、储存过程中发生的爆炸。

（15）瓦斯爆炸，包括粉尘爆炸。

（16）锅炉爆炸。

（17）压力容器爆炸。

（18）其他爆炸，包括化学爆炸，炉膛、钢水包爆炸等。

（19）中毒和窒息，指煤气、油气、沥青、一氧化碳中毒等。

（20）其他伤害，扭伤，跌伤，冻伤，野兽咬伤等。

4. 按对人的伤害程度分类

事故是在人们的行动过程中发生的，如以人为中心来考察事故后果，大致有如下两种情况：伤亡事故、一般事故。

（1）伤亡事故。

伤亡事故，简称伤害。《企业职工伤亡事故报告和处理规定》中对于“伤亡事故”的定义是“指职工在劳动过程中发生的人身伤害、急性中毒事故”。从作用机理看，伤亡事故是个人或者集体在行动过程中接触了与周围条件有关的外来能量，并作用于人体，致使人体生理机能部分或全部丧失。这种事故的后果，严重时会影响一个人一生的命运，所以习惯称为不幸事故。根据事故对人体的伤害程度，伤亡事故又分为轻伤事故、重伤事故、死亡事故等。

（2）一般事故。

一般事故是指人身没有受到伤害或者受伤轻微，停工短暂或不影响人的生理机能障碍的事故。由于传给人体的能量很小，尚不足以构成伤害，习惯上称为微伤；另一种是对人身而言的未遂事故，也称为无伤害事故。

5. 以物的损失情况来分类

在伤亡事故中，特别是生产事故，基本上都是人为因素造成的，这就要分清是责任事故，还是非责任事故，是指挥不当，还是人为蓄意破坏。该类事故可分为三大类。

（1）责任事故，指由于有关人员的过失所造成的伤害事故。又称为人为事故。

（2）非责任事故，指由于自然界的因素或属于未知领域的原因引起的、用当前的科技手段难以解决而不可抗拒的伤害事故。又称为自然事故。

（3）破坏事故，指为了达到某种目的而人为故意制造出来的事故。

根据以上对人的伤害和物的损失情况，事故结果又可以综合划分为四种情况：①人受到伤害，物也遭到损失。如汽车相撞，飞机坠落和锅炉发生爆炸等情况。②人受到伤害，而物没有损失。如高空作业过程中高空坠落者受到伤害，物没有损失。③人没有伤害，物遭到损失。如电器火灾，引起厂房，设备等受损，而人员安全撤离。④人没有伤害，物也没有损失，只有时间和间接的经济损失。如生产作业过程中，突然停电而使生产作业暂时停止，但是没有造成任何的损失和伤亡事故。

总之，无论是伤亡事故还是一般事故，其损失总是客观存在的，事故的发生不仅威胁了人们的生命安全，而且还会影响人们行为的继续，从而在时间上给人们造成损失，形成间接的经济损失。安全生产工作的基本任务是防止事故发生，避免事故带来的人员伤亡或财产损失。同时对未遂事故，即险肇事故也要认真分析，防患于未然。虽然，险肇事故的出现，带有偶然性，但往往险肇事故就为重大事故的发生埋下了隐患，因此，应杜绝险肇事故再次发生。

（三）安全事故的性质与特征

从现代社会安全事故发生的规律来看，安全事故几乎渗透到人们生产和生活的各个方面。研究事故的性质及其发展的规律，有助于减少事故的发生和带来的损失，提高应急管理能力。为此，需要对事故进行深入调查和分析，从事故特性入手寻找根本原因和发展规律。事故具有以下三个重要特性或规律：

1. 事故的因果关联性

一切事故的发生都是由一定原因引起的，事故的起因乃是它和其他事物相联系的一种表现形式，是相互联系的各种不安全因素或潜在危险因素相互作用的结果。在生产过程中存在着诸多危险因素，不但有人的因素（包括人的不安全行为和管理缺陷），而且也有物的因素（包括物本身存在着不安全因素以及环境存在的不安全条件等）。所有这些在生产过程中通常被称为隐患，它们在一定的时间和地点相互作用就可能导致事故的发生。事故的因果关联性也是事故必然性的反应，若生产过程中存在隐患，则迟早会导致事故的发生。在这一关系上看来是“因”的现象，在另一关系上却会以“果”出现，反之亦然。因果关系有继承性，即第一阶段的结果往往是第二阶段的原因。

造成事故的直接原因（或物体）是比较容易掌握的，这是由于它所产生的某种后果显而易见。然而，要寻找出究竟为何种原因又是经过什么样的过程而造成这样的结果却非易事，因为事故发生的原因可能是多种不安全因素相互影响而间接作用的结果。因此，事故发生后，应深入剖析其根源，找出事故的致灾因子，从而提出针对性的防范措施。

2. 事故的偶然性

从某种意义上讲，伤亡事故属于在一定条件下可能发生，也可能不发生的随机事件。这种随机性就是指事故发生的偶然性。事故的偶然性是客观存在的，与我们是否了解事故的原因没有必然的联系。事故的偶然性决定了我们不可能掌握所有事故的发展规律，杜绝所有事故的发生。

如因果关联性所述，事故是客观存在的某种不安全因素演进或某些不安全因素共同作用的结果，是不安全因素随时间进程产生变化表现出来的一种现象。因此，在一定范畴内，采用一定的科学理论，使用一定的科学仪器或手段，可以找出近似的规律，从外部和表面上的联系，找到内部决定性的主要关系。也即从偶然性中找出必然性，认识事故发生的规律性，把事故消除在萌芽状态之中，变不安全条件为安全条件，化险为夷。这也就是防患未然、预防为主的科学意义。

3. 事故的潜伏性

一般而言，突发事故往往都是突然发生的，但是事故发生之前有一段潜伏期。导致事故发生的因素，即“隐患或潜在危险”是早就存在，也就是说，系统存在着事故隐患，具有危险性，只是未被发现或未受到重视而已。随着时间的推移，一旦条件成熟，被人的不安全行为或其他的因素触发，就会显现而酿成事故。事故的潜伏性还说明一个重要问题，就是说事故具有一定的预兆性，事故在发生之前一般都会有预兆发生。所以安全管理中的安全检查、检测与监控，就是寻找事故潜伏的事故预兆，从而全面地根除事故。

通过对过去发生的同类事故资料的收集、整理、分析，运用科学的方法和手段，可以总结出事故发生的基本规律，分析可能导致事故发生的危险因素以及它们的因果关系，模拟诱发事故的各种因素的演变过程，就可以对未来可能发生的事故进行预测。从而为预防事故和最大限度地减少事故发生提供了基本的前提和可能性。

（四）事故的寿命周期

事故有其发生、发展和消除的过程。事故的发展，一般可归纳为四个阶段，即孕育阶段、生长阶段、损失阶段和恢复阶段。

1. 孕育阶段

在事故形成的初期，由于生产系统某些方面的缺陷，开始出现一些不安全因素，而这些不安全因素又导致其他不安全因素产生，如企业管理缺陷导致设备采购中忽视安全性和可靠性的问题，生产工人缺乏安全知识培训的问题等，企业不安全因素逐步增多。在此阶段，单一的不安全因素只要处于临界状态以下，或不与其他不安全因素产生交互作用，即不会直接引发事故。

2. 生长阶段

当不安全因素逐步增多，并开始相互作用时，不安全程度加剧，不安全状态和不安全行为得以发生，形成事故隐患。事故隐患的存在及其不断发展和演变，是事故产生的基础原因。事故进入潜伏阶段，并处于“一触即发”的不稳定状态，一旦某些关键因素发生剧变，或一些新的不安全因素进入作用过程，事故即爆发。

这一阶段是实施安全生产控制的关键阶段，也是实施安全生产预警管理的重要时期，通过实时监测，观察各种不安全因素及其相互关系的发展和演变状态，在不同状态下发出预警信息，并及时采取措施，就可以控制不安全程度的加剧，从而避免事故的发生。如当前述设备不稳定性达到某种临界状态以前，开始对设备进行修理；或更换一个有经验的操作人员，事故就可以避免。

3. 发生阶段

当事故隐患被某些偶然事件触发时，就要发生事故。事故的发生包括肇事人的肇事，起因物的加害和环境的影响，使事故发生，造成伤亡和经济损失。然而，事故的发生并不是一个简单的瞬间，事故发生以后，如果不进行及时的控制和处置，事故还会进一步发展并扩大化，甚至导致一系列相关事故的发生，直至形成灾难性后果。

这一阶段的关键是要提高应急处置能力，通过快速的应急处置，控制事故的发展，避免事故的扩大化，同时，通过及时的救助，减少事故的损失。例如，前述交通事故，通过设置道路监控预警系统，及时掌握高速公路交通状态，当交通事故发生时，及时实施交通管制，避免出现连环事故，同时，应急救援力量及时赶赴现场实施救助，使重伤员及时得到医疗救助，避免事故损失的扩大化。适时清理道路交通障碍，恢复交通，避免长时间交通阻塞导致相关损失进一步扩大。

4. 恢复阶段

事故平息以后，开始恢复生产。这一阶段的关键是要对事故进行评估，其内容包括收集事故相关的各种资料，分析事故产生的原因，总结教训，并提出下一阶段的整改计划；同时，评估事故造成的损失，安置和安抚事故损失各方，及时进行相关赔付，避免引起社会不稳定。

三、安全事故应急管理的内涵与意义

（一）何谓应急管理作为一门新兴的交叉学科

正日益受到人们的重视。应急管理作为应对、处置突发事件的管理理论和方法在社会生产、生活中发挥着重要的作用。一般而言，对应急管理的认识，存在狭义和广义之分。

狭义的应急管理，偏重于突发事件发生后的应急处置，在内涵上包括应急预案建设与管理、应急资源的管理与调配、应急处置手段的建设、应急指挥体系建设、应急救援队伍建设等内容。

广义的应急管理是从整体上对突发事件各个发展阶段的管理，包括对突发事件从孕育、生长、发生和恢复全过程所进行的预测、决策、控制、协调、指挥等活动。它是基于对突发事件的原因、过程及后果进行分析，为预防和减少突发事件的发生，降低突发事件的危害，通过实施有效的管理，有效集成社会各方面的相关资源，对突发事件进行有效预警、控制和处置的过程。

（二）安全事故应急管理的内容

安全事故应急管理的客体是安全事故，以广义的应急管理概念为基础，安全事故应急管理就是在安全事故整个寿命周期内，对安全事故的抢救、调查、分析、研究、报告处理、统计、建档、制定预案和采取防范措施等一系列管理活动的总称。

安全事故是安全生产领域内的突发事件，由于这些事件所处的领域不同，造成不同突发事件的发生发展规律迥异，给安全事故的应急管理带来了困难。这就需要首先对容易发生重大危害事件的领域进行专业性、针对性的研究和分析，才能够制订比较完善的应对方案。如火灾是一个突发性和危害性较大的事件，由于发生地区不同，防治措施和处理方法的差别也是很大的。这就要求必须研究各类安全事故发生和发展的规律。安全生产事故应急管理的外延，应该包括如下内容：

1. 安全事故隐患源的识别

由于安全事故是各种不安全因素交互作用的结果，因此，对安全生产过程中各种不安全因素及其关键作用点的识别，成为预防安全事故的基础和关键。例如，工矿企业经常开展的事故安全隐患排查，正是基于这种基础性和关键性而开展的。这些工作的目标在于通过分析各种不安全性因素及其相互作用关系，把握安全事故的孕育过程，确定安全事故隐患的所在，从而便于有针对性地进行预防和监控。

2. 安全事故隐患源的实时监控

安全事故隐患源的实时监控，是结合事故隐患源的特点，采用现代化监控技术，采集隐患源的各种状态数据，并以一定的手段实现数据的传输，为数据的分析和风险状态的评估提供科学依据。

3. 安全事故的风险评估与预警

安全事故的风险评估，是指通过分析已经采集的反映事故隐患源状态的各种数据，采用科学的风险评估技术，评估事故隐患源发生事故的风险大小，划定风险等级。

所谓预警，就是根据风险评估的等级，对可能出现的安全事故给出不同等级的警示。在预警管理中，要求在出现较高级别的预警时，采取相应的处理措施，将风险降低到预定的水平，从而提高隐患源的安全程度，最大限度地避免安全事故的发生，或最大限度地降低事故带来的伤害和损失。

4. 对安全事故的应急处置

对安全事故的应急处置是应急管理的核心，它表现为在预案规定的各种应急处置方案间进行选择决策，利用各种应急手段对各种应急资源的组织和利用。当安全事故出现以后，事故的各种表现形式及特征都将逐步显露出来，这就要求对事故的发展状态进行分析，对事故未来的发展趋势进行预测，根据分析的结果，对各种应急响应措施做出相应的决策。其间还会涉及对各级政府的法律、法规、政策和条例的遵守以及相关人力资源的调动，物资的调拨等一系列行动。

5. 安全事故的应急资源管理

安全事故应急资源包括专业应急救援人员、应急处治工具、应急救援物资和各种应急辅助工具（如通信、交通工具等）。应急资源管理不仅包括要合理储备一定品种和数量的实物应急资源，同时还涉及应急资源储备在地理位置上的合理布局，市场储备、生产能力储备与实物储备的构成，以及储备资源的日常管理等一系列问题。

6. 安全事故的应急救援预案管理

所谓安全事故应急救援预案，是指政府或企业为降低事故发生时造成的严重危害，对当前危险源、突发性灾难事件的评价，以及以事故预测后果为依据而预先制订的事故控制和抢险救灾的方案；是事故救援活动的行动指南。

预案由一系列的决策点和措施集合组成。预案管理包括预案的制订和对预案的修订完善等工作，它贯穿在应急管理的主要过程中。预案的制订是总结突发事件的处理经验，把它们作为案例记录下来，用于指导将来出现的一些可能发生的事件，对事件的处理过程就是预案的实施和调整过程，预案管理还是对一些可能出现事件的规律的分析和预测，通过研究事件之间的联系，寻找其中的一些规律性特征，来指导预案制订和修订完善。

7. 安全事故的事后处理

安全事故事后处理是在安全事故的影响减弱或结束之后，对原正常运行状态的恢复，对事故造成的损失进行评估并对相关损失人进行相应的赔偿、补偿或救济，对相关部门、人员的奖励和追究责任。另外还要对发生的事故及时查找原因，总结经验教训，提出改进方案或防范措施，以及预防对策，并进行结账和归档管理。

（三）安全事故应急管理的意义

我国目前正处于经济高速增长阶段，由于企业普遍片面追求利润的增长，忽视了安全生产的重要性，加上我国目前阶段相关法律法规的不健全和执法力度的不到位，这一阶段属于安全事故的多发期。目前我国和许多发展中国家一样，安全事故的发生率较高，一些重大安全事故的发生已经导致大范围人群的日常生活、经济活动受到消极影响，人们的生命和财产安全受到破坏。

安全事故应急管理的根本任务就是预防和减少安全事故的发生率，并通过科学的应急处置对安全事故做出快速有效的应对，从而最大限度地减少事故发生可能造成的损失。安全事故应急管理学科的建立和发展，可以为安全事故的预防和处置提供原理和方法。安全事故在不同领域的发生具有不同的表现形式和特征，发生的原因、发展的规律各种各样，但是，由于安全事故具有的普遍性特征，比如，安全事故的发生具有因果性、潜在性特征，有的具有先兆特征，事故的影响范围具有扩散性，事故对人、财、物具有伤害性和破坏性等，安全事故应急管理可以通过对安全事故共性特征的研究，总结出开展应急管理应遵循的一般程序、制度和方法，再加上一些领域的专业知识，就可以形成一整套预防与应对突发事件的理论和方法体系，因此，加强安全事故应急管理具有十分重要的社会意义。

第二节　安全事故应急救援体系建设

一、安全事故应急救援的含义及任务

（一）安全事故应急救援的含义

事故应急救援是人类主动应对突发事故灾难的重要活动，体现了社会对事故受害者积极的救助。可以认为所谓安全事故应急救援就是通过一个规范化的应急救援组织体系，在专业的应急救援预案的指导下，运用信息通信技术和各类安全事故应急处置技术，对遭受安全事故灾害的单位和个人实施紧急救助，使其生命及财产安全得到充分保障的救援活动及相应的管理体制和机制的总称。

随着机器大生产的日益发展，安全生产形势出现了新的变化，如何使突发的、具有重大危险性的诸如矿山、化学、交通等行业的安全事故能得到及时有效的应对和处置，有赖于能否建立一个完善的应急救援系统。为此建立结构合理，运行高效的安全事故应急救援系统就成为应急管理工作中的一项重要而紧迫的任务。

（二）安全事故应急救援的基本任务

安全事故应急救援工作在应急预案的指导下，需要完成以下工作：

1. 决策与指挥任务

当重大安全事故发生后，根据接收的预警信号，按照不同的应急响应级别，各级安委会办公室立即根据事故灾难的情况开展应急救援指挥协调工作。包括通知有关部门及其应急机构，调动专业救援队伍并规范事故级别，通知事发地毗邻省（区、市）政府应急救援指挥机构，相关机构按照各自应急预案提供增援或保障。有关应急队伍在现场应急救援指挥部统一指挥下，密切配合，共同实施抢险救援和紧急处置行动。

安全事故应急预案规定：成立现场应急救援指挥部，现场应急救援指挥部负责现场应急救援的指挥。现场应急救援指挥部成立前，事发单位和先期到达的应急救援队伍必须迅速、有效地实施先期处置，事故灾难发生地政府负责协调，全力控制事故灾难的发展态势，防止次生、衍生和耦合事故（事件）发生，果断控制或切断事故灾害链。

2. 事故紧急处置任务

按照安全应急处置属地化管理的原则，事故现场处置主要依靠本行政区域内的应急处置力量。事故灾难发生后，发生事故的单位和当地政府按照应急预案迅速采取措施。主要的应急救援任务将由训练有素的应急救援队来完成，其他部门与机构则提供必要的救援物资与装备。在安全事故紧急处置过程中要根据事态发展变化情况，安排增加救援人员和救援器材，保障整个工作的有序进行。当出现急剧恶化的特殊险情时，现场应急救援指挥部在充分考虑专家和有关方面意见的基础上，依法及时采取紧急处置措施。

3. 医疗卫生救助任务

安全事故的发生总是伴随着人员伤亡现象的发生，因此及时抢救伤员，保障事故发生的人们的生命安全是应急救援工作中的首要任务。为此，事发地卫生行政主管部门要负责组织开展紧急医疗救护和现场卫生处置工作。一方面要出动紧急救援医疗队；另一方面，可根据地方人民政府的请求，由更高级别的医疗管理机构及时协调有关专业医疗救护机构和专科医院派出的医疗专家、提供特种药品和特种救治装备进行支援。此外，事故灾难发生地疾病控制中心要根据事故类型，按照专业规程进行现场防疫工作。

4. 应急人员的安全防护任务

对于危险化学品泄漏、火灾等危险事故的应急救援，在实施快速救援的同时，必须按照相应的应急救援规程，做好现场应急救援人员的安全防护工作。例如化学事故中配置好足够数量的防毒面具，火灾事故中灭火人员必须配备消防服等。总之，应根据事故救援需要携带相应的专业防护装备，采取符合要求的安全防护措施，严格执行应急救援人员进入和离开事故现场的相关规定，确保应急救援人员的人身安全。为此在生产事故高发的企业和相关单位，要建立好应急救援安全防护服装、器材的储备及库存和使用管理工作，并定期对安全设施的完好性进行检查，并保证在事件发生时及时送达应急救援队使用。

5. 群众的安全防护任务

一部分安全事故不仅对生产现场造成很大的破坏，而且还对周边居民及环境产生很大影响。一般而言，群众的安全防护任务由应急救援指挥部协同地方政府负责组织群众的安全防护工作，其主要工作内容如下：

（1）企业应当与当地政府、社区建立应急互动机制，确定保护群众安全需要采取的防护措施。

（2）决定应急状态下群众疏散、转移和安置的方式、范围、路线、程序。

（3）指定有关部门负责实施疏散、转移。

（4）启用应急避难场所。

（5）开展医疗防疫和疾病控制工作。

（6）负责治安管理。

6. 社会力量的动员与参与

涉及面较广的重大安全事故，不仅要利用本企业或本地区专业应急救援队伍进行事故救援，而且要在更广的区域防范事故的危险扩散，这时专业应急救援人员往往是不够的，一般要调动本行政区域的社会力量参与应急救援工作。包括其他企事业单位或其他地区的应急救援队，以及社区内自发性的群众救援力量。需要注意的是社会力量参与救援要服从统一指挥，一般从事外围的或辅助性的应急救援工作。

二、安全事故应急救援的基本形式

安全事故应急救援的形式按事故波及范围及其危害程度，可采取单位自救和社会救援两种形式。

（一）事故发生单位自救

事故发生单位自救是安全事故应急救援最基本、最重要的救援形式，这是因为事故发生单位最了解事故的现场情况，即使事故危害已经扩大到事故单位以外区域，事故发生单位仍需全力组织自救，特别是尽快控制危险源。为此在这种救援形式中，往往要求企业成立应急救援专业队伍，一旦发生事故，能够在最短时间内提供应急救援。例如，目前受到高度重视的危险化学品生产、使用、储存、运输等单位都必须成立应急救援专业队伍，负责事故时的应急救援。而且生产单位对本企业产品必须提供应急服务，一旦产品在国内外任何地方发生事故，通过提供的应急电话能及时与生产厂取得联系，获取紧急处理信息或得到其应急救援人员的帮助。

（二）社会救援

当事故发生到一定程度，这时单凭企业自身力量已无法解决，这时要在应急救援指挥中心的领导下，启动社会救援系统；例如国家危险化学品事故应急救援系统，不仅包括中央级别的危险化学品事故应急救援指挥中心，而且还按区域组建了化学事故应急急救中心，至于何时启动则完全由安全事故的等级来确定。只有建立更为完善的应急救援网络，才能使应急响应时间更短，从而使事故危害得到更有效的控制。

三、安全事故应急救援系统的职责与构成

（一）安全事故应急救援系统的职责

根据安全事故应急救援的总目标，即通过有效的应急救援活动，最大限度地降低事故灾难所带来的人员伤亡、财产损失和环境破坏。事故应急救援系统的主要职责包括下述几个方面：

第一，立即组织营救受害人员，组织撤离或者采取其他措施保护事故危险区域内的其他人员。抢救受害人员是应急救援的首要任务。在应急救援行动中，快速、高效地实施现场急救与安全转送伤员，是降低伤亡率，减少事故损失的关键。对于发生突然、扩散迅速的重大事件，涉及范围广、危害大，应及时指导和组织群众采取各种措施进行自身防护。必要时迅速撤离危险区或可能受到危害的区域。在撤离过程中，应积极组织群众开展自救和互救工作。

第二，迅速控制事态，并对事故造成的危害进行检测、监测。测定事故的危害区域、危害性质及危害程度。把造成事故的危险源及时控制住是应急救援工作的重要任务。只有及时地控制住危险源，防止事故的继续扩展，才能及时有效地进行救援。例如，对于发生在城市或人口稠密地区的化学事故，应尽快组织工程抢险队与事故单位技术人员一起及时

控制事故继续扩展。

第三，消除危害后果，做好现场恢复。针对事故对人体、动植物、土壤、空气等造成的现实危害和可能的危害，迅速采取封闭、隔离、洗消、监测等措施，防止对人的继续危害和对环境的污染。及时清理废墟和恢复基本设施，将事故现场恢复到相对稳定的状态。

第四，查清事故原因，评估危害程度。事故发生后应及时调查事故的发生原因和事故性质，评估出事故的危害范围和危险程度，查明人员伤亡情况，做好事故原因调查，并总结救援工作中的经验和教训。

（二）安全事故应急救援系统的基本构成

安全事故应急救援体系从应急救援的主体看，分为政府安全生产应急救援体系和企业事故应急救援系统；从应急救援体系的职能划分看，分为组织体系、技术支撑体系、运作机制和法律法规体系四个子系统。下面按其职能构成，分别讨论以下四个子系统：

1. 应急救援组织体系

（1）应急救援组织体系的领导层。

按照国务院关于各类突发事件原则上由当地政府负责处理的精神，国家安全事故应急救援体系由国家、省（自治区、直辖市）、市、县、企业5级应急救援组成，根据事故影响范围和事故后果的严重程度，分别由不同层次的应急救援指挥部门负责救援工作的组织实施。该体系依托政府各部门在各级行政区域设立的组织系统，体系完整，能够逐级实施领导管理，覆盖全境，责任明确，适应安全事故点多、面广，救援工作应急性强，以当地救援为主的特点。县级以上人民政府应设立本辖区安全事故应急救援委员会。委员会由辖区政府主要领导和安全生产监督管理部门、公安、消防、环保、卫生、交通、财政、邮政、劳动和社会保障等有关部门人员组成。

安全事故应急救援委员会的主要职责是：

第一，统一领导和协调本辖区的安全事故应急救援工作；

第二，组织制定本辖区内安全事故应急救援工作的实施办法等规章；

第三，组织制订和实施本辖区安全事故应急救援计划；

第四，指导和协调本辖区重大安全事故应急救援活动，及时向上级相关部门汇报事故救援情况。

（2）安全事故应急救援执行机构。

安全事故应急救援的常备机构主要有以下几个部门，其主要职能如下：

第一，应急救援指挥中心（办公室）。该中心在安全事故应急救援行动中，组织和指挥事故应急救援工作。平时应组织编制安全事故应急救援预案；做好应急救援专家队伍和救援专业队伍的组织、训练与演练；开展对群众进行自救和互救知识的宣传和教育，会同有关部门做好应急救援的装备、器材、物品、经费的管理和使用；对安全事故进行调查，核发事故通报等。

第二，应急救援专家委员会（组）。专家咨询组由权威的工程技术与应急管理两部分专家组成，通常只在市一级以上建立。其主要职责是：对指挥组织进行的应急准备活动提出重要建议，特别是关于重大安全事故潜在威胁的估计，对新型应急装备、器材研制与配备的必要性进行论证；对应急预案的制定及重要的训练演习活动等进行研究并提出决策性建议。安全事故发生后，专家咨询组的主要职责有三条，一是对事故危害的现状与发展趋势做出估计；二是对修改应急预案的必要性进行判断，对力量重新调整与部署提出具体建议；三是对重大防护措施，如公众撤离等决策提供技术依据。在安全事故应急救援行动中，对安全事故危害进行预测，为救援的决策提供依据和方案。而平时应急救援专家应做好调查与研究，当好领导参谋。

第三，医疗应急救护站（队）。在造成人身伤亡的重特大安全事故发生后，应急医疗救援队应尽快赶赴事故地点，设立现场医疗急救站，对伤员进行现场分类和急救处理，并及时向医院转送。作为专业的医疗救护人员，要能够对现场救援人员进行医学救护指导以及为现场救援指挥部提供医学咨询。应急医疗救援队平时应加强技术培训和急救准备。救援队通常由市、区医院或急救中心、工厂医务室（医院）、军队医院等组成，并在市或区卫生部门领导下开展应急救援活动。

第四，应急救援专业队。相当部分安全事故的救援，如消防、矿山、化学事故等，需要建立对各种安全事故具有快速处置能力的专业应急救援队伍。在应急救援行动中，各救援队伍应在做好自身防护的基础上，快速实施救援。侦检队应尽快地测定事故的危害区域，检测危险源的性质及危害程度。工程救援队应尽快制止安全事故的继续发生，并将伤员救出危险区域和组织群众撤离、疏散。凡是具有安全事故隐患的企业，均应建立本单位的应急救援组织结构，明确救援执行部门和专用电话，制定救援协作网，疏通纵横关系，以提高应急救援行动中协同作战的效能。在没有设置应急救援机构的区域，一旦发生事故，当地政府主要领导应组织安监、公安、消防、卫生、环保、交通等部门成立紧急救援指挥部实施救援。

第五，应急救援其他机构。针对不同类型安全事故的特殊要求，需要相应社会组织的参与，使事故能够得到及时有效的救援及处置，如化学安全事故中的监测组织。监测组织由地方环保监测站、卫生防疫站、军队防化侦查分队等单位组成。其职责主要是：对空气、水、食物等被污染的状况进行测定，为确定污染范围、水源和食物等可饮（食）用的情况提出技术依据；为侦查污染空气滞留状况提供条件。

此外，还有如火灾、化学毒品泄漏等危害性较大的安全事故中，则要配备相应的公众疏散组织。公众疏散组织由公安、民政部门和街道居民组织抽调力量组成。必要时，可吸收工厂、学校中的骨干力量参加，或请求军队给予支援。其主要职责有：根据指挥部发布的警报等级及防护措施，指导部分高层住宅居住的居民实施隐蔽；引导必须撤出的居民有秩序地撤至安全区或安置区；组织好特殊人群（老、弱、病、残、儿童）的疏散安置工作；引导受污染的人员前往洗消去污；维护撤离区内的社会秩序，打击“趁火打劫者”。保障居民和国家财产免受危害；维护安全区域或安置区内撤出公众的安全，稳定人心和社会秩序。

众多的安全事故还需要交通管制组织的参与。交通管制组织通常由公安部门负责组成，其主要职责有：对危害区外围的交通路口实施定向、定时封锁，阻止事故危害区外的公众进入；指挥、调度撤出危害区的人员和使车辆顺利地通过通道；及时疏通交通阻塞；对各封锁路口附近的重要目标实时保护；协助警戒巡逻分队维护社会秩序。

对撤离区和安置区内的社会治安工作，可由公众疏散组织兼任，也可以组织专业的安全警戒队伍。在危害区范围较大时，也有必要成立专门的组织。其主要职责是：对于人员已撤离的重要目标实施保卫，进行街巷巡逻，缉拿犯罪分子。这一组织可由公安、武警、军队的警卫分队组成。

（3）事故应急救援的组织网络。

安全事故应急救援工作涉及众多部门和多种救援队伍的协调配合，为有序实施事故救援，应建立起行之有效的应急救援网络。该网络既要包括事故救援的指挥网络，各救援部门的通信网络，以及与上级救援部门的联系网络，还应与本区域的公安、消防、卫生、环保、交通等部门建立起协调关系网络，以便实现协同作战。

另外，要建立安全事故重大危险源的资料库或信息网，建立安全事故应急救援专家联络网。确定应急救援专家库或专家联系名单，以便在救援过程中及时得到技术指导。同时还需要与跨地区甚至国外的特种事件专业信息库保持联机，一旦不能提出及时有效的应急救援办法，能够紧急从外部获取有用信息。

2. 应急救援技术支持体系

现代生产安全事故的应急救援离不开众多技术手段的支持，正是这些应急救援技术手段保障了应急救援行动的快捷高效。概括而言，应急救援技术支持体系由以下几个部分构成：

第一，信息技术支持体系。要建立重大安全事故危险源及应急救援方法的数据库。如化学事故防范就建立了由国家化学品登记注册中心和各省（市）地方登记办公室组成的危险化学品等级网络，并结合国家实行危险化学品登记制度，建立包括危险化学品生产、储存、经营、运输企业动态信息的数据库，为国家和地方的化学事故应急救援准备和救援行动提供了信息支持。要建立安全事故应急咨询热线服务，为安全事故预防预警和应急救援提供技术信息支持。

第二，现场救援技术支持体系。加强应急救援队伍与应急装备建设，促进各种救援力量的有效整合。完善国内消防特勤队伍的建设，购置并完善先进的灭火车辆、交通运输车辆、侦检设备、防护器材与通信设备等。

第三，专家库系统。要根据地域分布，聘请包括安全、消防、卫生、环保等在内的各类专家，定期进行考核和资格认证，保证其面对安全事故应急咨询时的权威性和时效性，必要时就近专家可赴现场指导应急救援工作。

3. 应急救援系统的运作机制

为尽可能降低重大安全事故的后果及影响，减少重大安全事故所导致的损失，要求应急救援行动必须做到迅速、准确和高效。即要求建立快速的应急响应机制，准确地传递事故信息，迅速地调集所需的大规模应急人员和装备、物资，迅速地建立起统一指挥与协调系统，开展救援活动。由于应急救援活动一般划分为应急准备、初级反应、扩大应急响应与应急恢复四个阶段，因此，应急救援机制又分为统一指挥、分级响应、属地为主和公众动员四个基本机制。

第一，统一指挥是应急活动的最基本原则。应急指挥一般可分为集中指挥与现场指挥，场外指挥与场内指挥等。无论采用哪一种指挥系统，都必须实行统一指挥的模式，无论应急救援活动涉及单位的行政级别高低和隶属关系不同，都必须在应急管理指挥部的统一组织协调下行动，有令则行，有禁则止、统一号令，步调一致。在该机制中，尤其要完善应急决策机制，即能基于事故的规模、性质、特点、现场环境等信息，准确地预测事故的发展趋势，对应急救援行动和战术进行决策。

第二，分级响应是指在初级响应到扩大应急的过程中实行的分组响应的机制。扩大或提高应急级别的主要依据是事故灾难的危害程度，影响范围和控制事态能力。影响范围和控制事态能力是“升级”的最基本条件。扩大应急救援主要是提高指挥级别、扩大应急范围等。

第三，属地为主强调“第一反应”的思想和以现场应急、现场指挥为主的原则。对于各路救援队伍与人员而言，不论级别有多高，都要服从现场指挥官的领导。

第四，公众动员机制是应急机制的重要内容之一。为了提高应急响应与救援能力，要定期对各级应急指挥人员、管理人员、现场救援人员进行专业知识与技能培训，加强应急预案的演练。

4. 应急救援的法律法规体系

应急救援工作应在法律法规的指导下有序进行。

在应急救援的相关法规体系中，安全事故应急预案具有重要的地位，是整个应急救援行动的工作指南。为此，各级政府要负责制定、修订、实施各辖区内的各类安全事故应急救援预案，并建立各级安全事故救援预案系统。

此外，还要及时制定各行业的安全事故应急救援管理条例。通过该条例的制定，建立一套明确的机构和经费管理机制，规定各方责任，使安全事故得到快速有效的处理。

最后，要保证安全事故得到及时有效的处理，还必须使应急救援系统内各个子系统产生协同作用。当发生事故时，由信息管理机构首先接收报警信息，并立刻通知应急指挥机构和事故现场指挥机构在最短时间内赶赴事故现场，投入应急救援工作，并对现场实施必要的交通管制。如有必要，应急指挥机构进而通知媒体和支持保障单位进入工作状态，并协调各机构的运作，保证整个应急行动有序高效地进行。同时，事故指挥机构在现场开展应急的指挥工作，并保持与应急指挥机构的联系，及时从支持保障机构调用应急所需的人员和物资，并快速投入事故现场实施应急救援。

四、安全事故应急救援系统建设的目标及程序

（一）应急救援系统建设目标

安全事故应急救援系统是承担安全事故应急救援的执行主体，为此，要使建立的系统能够在事故发生时，进入有效的整体运行状态，高效地完成应急救援任务，实现减轻事故危害与损失的目的。

安全事故应急救援系统一般进行模块化设计，通过对系统内各方面组织的设计和建立，实现应急机构的快速反应、整体行动和信息共享，为此，应急救援系统的目标是尽可能提高应急救援的速度，缩短救援作业的时间，降低事故灾害造成的人员伤亡和财产损失。同时，还要求应急救援系统能够在应急救援行动中进行动态调整，实现应急救援的最优化。为此，在该系统的建设中，应尽可能注意各机构的能力和资源的优势互补，强调应急救援现场的统一指挥，步调一致。此外，行动迅速，训练有素的救援人员和必要的救援设备也是保障应急救援系统有效运转的重要条件。

安全事故应急救援系统建设的原则是坚持“安全第一、预防为主”的方针，立足防范，认真落实应急救援预案的要求；实行统一指挥，分级负责，区域为主，单位自救与社会救援相结合的原则。充分利用现有的应急救援基础，完善工作体系，建设责任明确、反应灵敏、指挥有力、快速有效的安全事故应急救援系统。

（二）应急系统工作程序

安全事故应急救援有明确的工作程序，一旦在生产范围内发现事故，即立即启动应急救援预案。该工作程序的基本流程如下：

当发现事故后，报警者应立即向上级指挥中心报告。企业内部较低级别的安全事故，由企业最高管理者负责直接指挥处理。若事故严重度升级可将指挥责任移交给上一级指挥中心，这样事故就上升为二级事故。指挥中心根据事故状况向部分或全体应急救援人员发出通知，然后向参与应急救援的合作单位，包括应急救援技术服务机构和专家咨询，以便从技术上就事故的后果及应采取的措施提供建议。应急人员在现场由他们各自的现场指挥者领导，并由指挥中心对全部活动进行管理和协调。对于确属需要社区援助的二级事故，其救援工作将在更广的范围内展开，并根据情况进一步升级应急处置级别，启动更高级别的应急预案。

第三节　安全事故应急救援的全过程管理

安全事故应急救援过程一般分为预防、准备、响应、处置、恢复五个阶段。为此要在不同阶段对应采取相应的管理方法。在预防和准备阶段，其工作重点是加强对危险源的有效监控，通过严格的生产安全管理制度，防范安全事故的发生。对狭义的应急管理而言，应急救援往往主要是指后三个阶段的管理。这里重点讨论这三个环节。

一、安全事故的应急响应

安全事故的应急响应是指事故应急救援管理部门能够在尽可能短的时间内根据事故的性质与危害等级及时采取具有针对性的应急救援措施。

（一）事故应急响应与分级处置方法

1. 分级处置方法定义

要进行科学的安全事故应急管理，必须进行合理的安全事故风险分级。安全事故风险分级的目的是针对不同的风险，给出事故应急救援的响应级别，并采取相应的风险减轻和控制措施。一般情况下事故风险级别与事故应急救援响应级别相对应。

2. 事故风险分级影响因素

当接到事故警报后，应急救援指挥机构会根据事故现场所反馈的信息，对事故发生的可能性和严重程度做出判断，即进行事故风险评价。目前在各种安全事故的应急救援预案中，也都根据事故发生的严重程度，进行了相应的事故风险分级，并给出了重大事故应急救援的响应级别。一般而言，事故发生严重程度可以用定性风险评价方法和定量风险评价方法给出。在进行风险评价时，事故发生的严重程度与下列因素有关。

第一，事故伤害范围。对于一个（或一组）评价对象可能发生的某类事故风险进行评价时，可以采用定量风险评价方法计算出事故的死亡区、重伤区和轻伤区。

所谓死亡区，应该是指当该区内的人员缺少防护，将无例外地造成严重伤害或死亡。在该区边界上的人员，将由于事故作用而死亡的概率为50%，这相当于在该区内没有死亡的人数正好等于该区外死亡的人数。按照死亡区的定义，如果在可能伤害区域的人员密度是均匀的，可以说相当于死亡区内的人员将全部死亡。

在死亡区外部一定范围内，如果该区内的人员缺少防护，绝大多数人造成重伤，少数人造成轻伤、少数人死亡。在该区外边界上的人员，将由于事故作用而造成重伤的概率为50%，这相当于在该区内和死亡区内没有遭受重伤的人数正好等于该区外遭受重伤的人数，则称该区为重伤区。

在重伤区外部一定范围内，如果该区内的人员缺少保护，绝大多数人员将遭受轻微伤害，少数人将受重伤或平安无事，死亡的可能性极小，则称该区为轻伤区。

伤亡区域的范围及其死亡区、重伤区、轻伤区的分布与事故的性质、发生事故的场所等有关。如爆炸事故的死亡区、重伤区和轻伤区的范围与爆炸物质的性质、参与爆炸物质量和发生爆炸的环境（场所）有关。

毒物泄漏后，扩散污染造成的死亡区、重伤区和轻伤区的范围与泄漏物质性质、泄漏量、扩散污染场地以及扩散时期的气流温度、风速、照度等气象条件有关。如在开阔地面发生的重气泄漏、在泄漏气体与地表物质不发生化学反应和吸收、不出现逆温层时，泄漏有毒气体形成的死亡区、重伤区和轻伤区在地面呈椭圆形分布。

第二，事故伤害人数。事故伤害人数越多说明事故的危害越大。事故伤害人数不仅与事故伤害范围有关，还与事故伤害范围内的人员分布有关。

第三，人员影响区域。人员影响区域是指由于事故的发生影响人们正常生产和生活的区域，一般包括人员疏散区域和交通管制区域。对于可能发生的事故，为了防范其周围一定范围内人员可能受到的伤害，需要组织人员疏散的区域，就是人员疏散区域。对于已经发生的事故，为了避免事故扩大或状态变化造成人员伤害，需要组织人员疏散的区域，也是人员疏散区域。为了最大限度地确保人员的安全，一般给出人员疏散区域时都留有一定的安全系数，并考虑可能的特殊情况，因此人员疏散区域比人员伤害区域的范围一般可以取 3 倍以上的伤害范围作为人员疏散区域。

在发生重大事故或可能发生重大事故时，一般在人员疏散区域以外更大范围内设置交通管制区域。设置交通管制区域的目的是使事故时期的应急救援工作有序地进行，确保应急救援非相关人员不误入事故人员伤害区和人员疏散区域，保障应急救援人员有序地进入应急救援现场和人员有序地、尽快地疏散。

（二）应急救援力量动员与事故风险分级

重大安全事故应急救援预案一般应给出针对安全事故的响应级别，而响应级别需要有对应的响应协调指挥机构和人员相对应。按照人员伤害范围、人员伤亡情况、人员影响区域和事故应急救援响应级别，进行事故风险分级。

按照目前我国应急救援的职能，应急救援力量的调用、应急救援指挥可分为五个层次，分别为：国家层、省层、市（地）层、县层和企业层。

国家层分为四级响应，分别为 NⅠ级、NⅡ级、NⅢ级和 NⅣ级。如当发生或可能发生事故的伤亡范围达到一个或一个以上的市（地）级行政区域，或者可能的死亡人数超过 200 人以上，或者由于事故的影响需要 50 万人以上紧急疏散安置，或者需要跨区域、跨国家最高行政部门调用应急救援人员、物资、设备时，就可以划分为 1 级巨大事故灾难风险。1 级巨大事故风险对应的事故应急救援响应级别是 NⅠ级（国家 1 级），对于该类风险的事故，一旦发生或进入预警状态，应该由国家行政首脑发布全国动员令，组织调用全国的应急救援力量和资源，共同应对可能的风险。

省级分为三级响应，分别为 PⅠ级、PⅡ级和 PⅢ级。市（地）层分为三级响应，依次为 AⅠ级、AⅡ级和 AⅢ级。县层分为三级响应，依次为 CⅠ级、CⅡ级和 CIⅠ级。企业层为 1 级响应，即 FⅠ级。例如，当企业内发生事故时，无论是否造成人员伤亡或是否需要企业外部人员紧急疏散，一旦需要启动外部的应急救援力量就不能划分为企业内一般事故风险。当企业内发生火灾时，即使没有人员伤亡，也不需要企业外部居民的紧急疏散安置，如果需要一个消防小队或中队就能够控制火灾，并最终扑灭火灾，这样的事故风险可以划分为13级厂街重大事故风险，对应的事故应急救援响应级别为CⅢ级（县Ⅲ级）。

此外，事故的可能破坏区域、经济损失和环境影响区域也是其严重程度分级的因素。但由于编制重大事故应急预案的目的是保护人员的安全，使对人员的伤害降低到最低限度。所以，事故造成的经济损失与破坏区域、环境影响区域不是决定编制重大事故应急预案时事故风险分级的主要因素。

二、安全事故的应急处置

在安全事故应急救援管理过程中，要保证实现应急救援的目标，实现对遭受事故灾难的受害者实施紧急救援，就必须具备较强的应急处置能力，为此要保证实现对救援队伍、救援手段（包含救援设备、救援物资与救援方法）、救援管理制度体系的三个到位。

（一）应急救援队伍的应急处置工作

应急救援队伍是进入事故现场，进行事故应急救援与处置的主体，分为专业队伍与志愿者队伍两类。对于如危险化学品事故等恶性安全事故，事故初期，如不及时控制，小事故将会演变成大灾难，将会给生命和财产造成巨大损失，为此，必须建立有常备的专业应急救援队伍，而且还要有相应的救援队伍值守制度，确保事故发生时，能够及时控制危害源，抢救受害人员，指导群众防护和组织撤离，清除危害后果。下面介绍应急救援队伍建设与运行的全过程。

1. 专业应急队伍组建

对于重大安全事故的应急管理，其应急队伍的主要构成如下：

政府主导部门和机构：这些部门和机构负责制定和实施应急管理的政策、规划和指导，包括国家安全部门、公安机关、消防部门、卫生健康部门、环境保护部门等。

应急指挥部：由政府或相关行业组织设立的应急指挥机构，负责组织应急救援工作，包括指挥调度、信息收集与发布、资源调度等。

救援队伍：包括消防队、应急救援队、医疗救援队等专业队伍，他们会参与实际的救援行动，在事故现场执行人员搜救、火灾扑救、伤员救治等任务。

志愿者队伍：由社会各界自愿组成的志愿者团队，他们在事故发生后提供支持和帮助，包括疏导交通、清理现场、志愿服务等。

专家咨询团队：由相关领域的专家学者组成，提供技术支持和科学指导，参与应急决策、风险评估、事故调查等工作。

媒体和公共信息部门：负责向公众传递事故信息和应急指导，包括新闻媒体、通信部门等。

2. 应急救援的报警与接警

当突发安全事故发生时，处于生产现场或首先赶到现场的人员有责任立即拨打24小时应急热线电话，进行报警。接到报警电话后，事故发生信息将立即送达对应级别的应急救援指挥中心。中心将在第一时间内发布救援命令，首先启动应急救援队的值班人员，通知其迅速赶到现场。这时应急救援指挥中心将与现场救援人员保持通信热线的畅通，并随时根据情况，下达指令，集合其他应急救援队员，在本行业、本地区的应急救援队员不能满足事故应急救援需求时，将请求外部救援队员的支持。

3. 应急救援队伍的出动

在应急救援队值班人员接到出发指令以后，将立即启动交通车辆，装载必要的救护专业设施，赶到应急事故现场，进行施救。由于重大安全事故发生后，事故现场的人员生命和财产安全受到重大威胁，为此，要求应急救援队应该在最短的时间内赶到事故现场。这里就存在以下具体要求：

（1）应急救援队伍区域部署的合理性，应急救援队的驻地；应靠近重大危险源，从而保证应急救援队能够在最短的时间内到达由重大危险源引致的安全事故现场。

（2）应急救援队伍人员数量配置的合理性，这里有两个方面的含义，一方面要使救援人员的数量要合理，这里的人员数量既包括常备数量，又包括后备数量，以能够应对各种突发安全事故的需要。这里要综合考虑应急需要和队伍维持成本两个方面的因素。一般而言，常备人员要精干得力，数量不宜多，而后备人员，包括志愿者队伍，要保持一个较大的规模，以保证在需要的时候能够组织起来。

（3）应急救援队伍人员专业配置的合理性，由于许多突发安全事故的处置具有很强的专业性，如果处置不当反而造成负面后果，为此需要配置针对各类安全事故具有很强专业处置能力的应急救援人员，尤其是在诸如化学事故，环境污染事故，火灾事故等方面，必须有精通该类事故解决办法的人员。

4. 应急救援人员实施应急处理和现场急救

在这一环节包括两个方面的任务，当应急救援人员到达现场时，要根据对事故发生原因和影响后果的初步判断，及时采取相应措施，避免事故严重程度升级，其目标是要求做到尽快使事故点的生产设施尽快恢复正常运转。此外则是指对事故现场人身安全的救护，使伤员得到及时的救治，并根据受伤危重程度，及时送医院救治。

在安全事故发生时，生产一线人员应该有责任，对出现的安全事故进行第一时间的自救和互救，避免因为等待急救或外界的援助而使微小事故变成大灾难。为此，对企业全体员工安全事故应急处置与救援的培训将成为企业应急管理的必备环节，同时建立在应急预案基础上的应急救援与演练对于提高企业员工应对突发安全事故的能力具有重要作用。

5. 应急志愿者队伍的加入

在专业应急救援队伍进行第一轮救援后，如果局势不能够得到很好控制，而且，事故危害范围逐步扩大，超出了应急救援队现有能力能够处置的范围，则必须由应急指挥中心下达命令，调集应急志愿者队伍的参与。应急支援者队伍主要从事外围的辅助性救援工作，如事故现场的戒严与维持秩序，救援物资的搬运，以及群众性的宣传工作。因此，志愿者队伍的应急救援活动也是应急救援活动的一项重要补充。

（二）应急救援的条件与手段

安全事故应急救援除了需要救援人员这一主体因素外，救援器材与救援物资也是保证应急处置有效性的重要物质基础，而应急救援手段则是救援设备与人能否有效发挥作用的工作指南，包括科学合理的救援技术与高效规范的应急救援管理方法。为此要注意做到以下方面：

第一，救援物资储备与供应得及时充分。要通过对所在地区重大危险源的充分调研，明确潜在安全事故可能发生的规模，从而制定科学合理的应急资源储备规划，并明确应急指挥中心管理下的实物储备以及相应物资生产与供应单位的商品储备，以及周边地区可能提供的物资调配情况。从而对现有的应急救援资源进行动态调整和优化。而且从整个国家的应急管理看，还要有选择、分区域地建立若干个应急救援储备库，配备必要的现代化装备。

另外，仅有物资与装备的储备还是不够的，还需要强化整个应急资源的信息化管理，做好应急物资、装备储存、维护与调配，并合理管理与调度运输工具，使救援物资得到最及时和充分的供应。

第二，加强应急人员的技能训练，提高事故救援能力。在目前出现的一些安全事故的应急处置中，应急救援队出击不可谓不及时，但是，一些地方和企业处置突发事故不当，致使灾难扩大；由此可见，必须通过各种途径加强应急救援人员的救援技能培训，并逐步实现各类安全事故应急救援工作能力评估，推出相应的职业资格培训与考核，如现在推行的安全工程师职业资格等。

（三）应急救援管理制度体系的完善

对于安全事故应急救援而言，仅有物质方面的条件还是不够的，必须要在应急管理的软件建设上同样达到相应的水平，这样才能够真正有效保障应急救援工作取得良好的效果。对应急救援管理的制度体系而言，主要是完善以下几个方面的制度。

第一，完善应急救援的指挥体系。应急救援的指挥是整个应急管理工作的中枢神经，对应急救援工作的反应效率，救助效果起到十分重要的作用。为此，必须从制度上确立应急救援指挥中心的领导地位。并建立一套行之有效的预警、协商、决策及事后总结评估制度，从而使救援能力与指挥水平不断提高。

第二，完善事故应急救援预案体系。根据国际上事故应急管理的经验与我国应急管理工作实践，建立与完善事故应急预案体系具有十分重要的作用。其中煤矿、冶金、化工、水运和供电等部门都要把生产安全事故应急预案编制作为应急管理工作的头等大事抓紧抓好。只有在各生产部门和重大危险源所在单位建立一套行之有效的应急预案体系，才能确保应急救援成为一项科学的管理活动。

第三，完善应急救援协调机制。在众多重大应急事故中，仅靠事故发生单位和事故所在地区自身的应急救援往往是不够的。这就需要其他单位或其他地区的参与救援。只有这样才能调动一切力量，取得对重大安全事故的快速有效的控制，从而减少人员伤亡和财产的损失。中立的应急协调主要包括救援人员参与的协调；救援物资与装备调用的协调；应急救援知识与技能的共享；应急救援培训与演练的协调。

第四，完善应急救援的信息管理与决策支持体系。要在各行业建立全国性的应急救援信息网络，提供科学、准确、快捷的应急救援信息服务，为各类安全事故救援处置提供咨询服务。例如建立并维护全国危险化学品登记管理数据库和动态统计分析信息系统。

三、安全事故应急救援的恢复阶段

安全事故应急救援的恢复阶段是指在事故初步得到控制和处理后，为了恢复正常生产经营和社会秩序，重建事故现场或受影响区域所采取的措施和行动。该阶段通常包括以下几个重要环节：

第一，清理与修复：对事故现场进行清理和修复工作，包括移除残余物、废弃物的清理，设备的维修或更换等。

第二，恢复设备与供应链：修复或替换受损设备，确保生产经营能够尽快恢复正常，并恢复相关的供应链系统。

第三，重建基础设施：如果事故对基础设施造成了破坏，需要进行重建工作，包括道路、桥梁、电力、供水、通信等设施的修复或重建。

第四，保障人员生活：对受灾人员的生活基本需求进行保障，提供临时住所、食品、水源、医疗等支持。

第五，心理援助与重建：为受灾人员提供心理援助和支持，帮助他们恢复心理健康并重建生活。

第六，安全复查与改进：对事故原因进行深入调查与分析，总结经验教训，提出改进建议，加强安全管理措施，预防类似事故再次发生。

第七，监测与评估：对恢复阶段的工作进行监测和评估，确保各项措施的有效性和可持续性。

恢复阶段的目标是尽快将受灾地区恢复到正常状态，并减少事故带来的影响。在这个阶段，需要有关部门、专业人员和志愿者的协调合作，以保证恢复工作的顺利进行。

第四节　安全事故应急救援的保障措施

一、应急救援保障体系的基本内容

在安全事故应急救援的综合体系中，除了应急救援指挥系统的正确决策与领导，应急救援队伍的全体救援人员的工作热情与效率以外，还需要一些物质与技术上的综合保障。这样才能使整个应急救援工作取得成效。

概括来说，应急救援保障体系应包括以下方面的内容。

（一）救援装备保障

从目前我国应急救援的总体水平来看，目前在应急救援指挥系统建设、救援预案建设方面确实取得了很好的成果，但是在应对一些危险行业的安全事故时依然表现出救援装备水平比较落后，无法胜任未来更为复杂的安全事故威胁的情况。为此必须要加强对应急装备技术的研究，保证各专业应急救援队伍和企业根据实际情况和需要配备必要的应急救援装备。同时还要建立应急救援装备管理信息系统，确保专业应急救援指挥机构能够根据不同事故的需要，综合调度各类应急救援设备。另外，要根据所掌握的本专业特种救援装备情况，使各类专业救援队伍按规程配备救援装备。在增加救援装备配备的同时，还要注重对救援装备的日常维护保养，并适时更新装备。

（二）交通运输保障

交通运输保障是实现应急救援快速性的关键。要保证各种运输工具，尤其是运输救援队伍与物资的车辆性能好，调用及时。当发生特别重大安全生产事故灾难后，国务院安委会办公室或有关部门会根据救援需要及时协调民航、交通和铁路等行政主管部门提供交通运输保障。地方人民政府有关部门也会对事故现场进行道路交通管制，根据需要开设应急救援特别通道，道路受损时也迅速组织抢修，确保救灾物资、器材和人员运送及时到位，满足应急处置工作需要。

（三）医疗卫生保障

当安全事故发生时，往往会造成人员伤亡，因此及时快速抢救受伤人员，应该成为应急救援的首要任务。为此，各地县级以上人民政府应当加强急救医疗服务网络的建设，配备相应的医疗救治药物、技术、设备和人员，使专业的医疗救援队能够召之即来来之能战，不断提高医疗卫生机构应对安全生产事故灾难的救治能力。

（四）救援物资保障

由于救援物资是应对各种安全事故的重要物质基础，所以，国务院有关部门和县级以上人民政府及其有关部门、企业，应当建立应急救援材料、救援抢险器材，救治药品和医疗器械等的储备制度，储备必要的应急物资和装备。

在大的地区要建立应急救援物资的储备库，各重大危险源所在单位也要储备直接针对本单位可能突发安全事故的救援物资。并且各专业应急救援机构还应根据实际情况，负责监督应急物资的实物储备以及掌握应急物资的生产加工能力储备情况。

（五）救援资金保障

生产经营单位应当做好事故应急救援必要的资金准备。安全生产事故灾难应急救援资金首先由事故责任单位承担，事故责任单位暂时无力承担的，由当地政府协调解决。国家处置安全生产事故灾难所需工作经费按照《财政应急保障预案》的规定解决。

（六）社会动员保障

对于影响面较大的安全事故，除了专业的应急救援队伍以外，还需要动员社会力量的参与。因此，地方各级人民政府可根据需要动员和组织社会力量参与安全生产事故灾难的应急救援。国务院安委会办公室协调调用事发地以外的有关社会应急力量参与增援时，地方人民政府要为其提供各种必要保障。

（七）技术储备与保障

由于化工、电力、矿山等行业的安全事故具有专业性强，救援技术要求较高等特点。因此各级安全事故应急救援指挥机构要督促成立安全生产事故灾难应急救援专家组，为应急救援提供技术支持和保障。而且，还可充分利用安全生产技术支撑体系的专家和机构，研究安全生产应急救援重大问题，开发各类急需的应急技术和装备。

二、应急救援体系的运行管理机制

对于安全事故应急救援系统而言，应该在应急救援预案的指导下，建立一个强有力的指挥机构，一支训练有素、行动快捷的救援队伍，而整个救援运行的绩效，都有赖于形成一个良好的应急救援机制。概括而言，有以下几种机制：

（一）应急救援体系的分级响应机制

对现代生产安全事故而言，实行的是分级响应的安全应急救援机制。事故发生后，首先由企业和属地实施救援并上报。可能造成一般或重大生产安全事故的应急救援工作，原则上由县（市）区生产安全应急救援指挥中心组织指挥，并负责调动全市范围内的所有生产安全应急救援资源。

另外，情况特殊的生产安全事故发生后，下级生产安全应急救援指挥中心在自己的力量不能满足事故抢险救灾需要时，可以向上级生产安全应急救援指挥中心请求支援。接到请求的上级生产安全应急救援指挥中心应当立即组织调集相关资源前往灾区支援。并且，上级生产安全应急救援指挥中心认为有必要时，上级生产安全应急救援指挥中心可以指挥由下级生产安全应急救援指挥中心组织指挥的生产安全事故的应急救援工作。同时上一级的生产安全应急救援指挥中心还有权直接指挥、指导和协调下一级生产安全应急救援指挥中心的工作。

（二）应急救援的指挥协调机制

对于影响重大、情况复杂的安全生产事故，安全事故灾难应急救援指挥部可根据安全生产事故灾难的情况协调有关应急机构、救援队伍立即赶赴事故发生现场，在现场应急救援指挥部的统一指挥下，实施抢险救援和紧急处置行动。现场应急救援指挥部成立前，各应急救援队伍要在市级应急救援指挥中心的协调指挥下迅速进行先期处置，全力控制事态的发展，防止次生、衍生和耦合事件的发生，控制或切断灾害链。而且在启动应急状态的同时，指挥中心还应组织有关人员和专家运用指挥决策系统，迅速对事故灾情信息进行分析、评估，提出应急处置方案和建议，供指挥部参考。具体而言，指挥协调的主要内容包括：

第一，有关应急救援重大事项的决策；

第二，提出现场应急行动的原则要求；

第三，派出有关专家和人员参与现场应急救援指挥部的应急指挥工作；

第四，协调有关应急力量实施救助行动；

第五，及时向上级应急救援指挥中心报告应急救援进展情况；

第六，指导周边危险源的监控工作；

第七，协调有关部门对伤员进行医疗救助和医疗移送；

第八，协调有关部门对事故灾区人员进行疏散、转移；

第九，协调建立现场警戒线和交通管制区域，确定重点保护区域。

三、应急救援联动机制

对于某些危害较大，现有救援力量应急处置存在一定困难的重大安全事故，就有必要启动应急救援联动机制。应急联动应遵循优势互补、资源共享的原则，通过应急救援指挥中心对多个不同部门的协调，甚至还要与周边地区展开联动，集中优势的救援力量，从而使安全事故得到快速有效的处置。

（一）要成立强有力的应急救援指挥领导班子

面向全社会的应急联动是由政府协调指挥各相关部门，向公众提供社会紧急救助服务的联合行动。应急系统需要多个部门的配合，其中包括：政府机关、公安 110、交通 122、消防 119、急救 120、供水、供电、供气、供暖、市政、疾病防控、防汛、抗震以及人防等单位，有时甚至还需要运用军队和武警等国家武装力量。为防止政出多门，有必要成立一个强有力的领导班子。建议成立应急联动指挥部，请市委、市政府及驻军主要领导牵头，吸收各有关部门领导参加，统一协调，统一指挥。

进入应急联动中心的各联动单位作为现有各指挥中心的派出机构，按现有的管理体制和工作模式在各自的主管部门领导下进行工作。各部门按其职能负责相应的救援、救助和事件处理。在一般情况下，各处警单位独立工作，必要时可请求其他部门的协助或接受其他部门的协助请求。综合指挥单位负责其中的协调和监督。重大紧急事件发生时，应急联动中心可根据事件的性质确定总体负责单位并授权其负责事件处理的总体指挥以及与各相关单位的协调工作，其他各出警单位予以配合。

（二）要制定详细的应急联动预案

只有做好各项准备工作，才能在突发安全事故发生时针对不同类型的安全事故，从人员编组配备、演习方案、专用物资保障等诸多方面，明确不同部门、不同地区的救援行动所扮演的角色，从而当事故发生时能够有条不紊地开展救援工作。为此需要以救援预案的形式把应急联动的环节和关系表现出来，并根据形势的发展变化及时予以修正完善。

（三）要加强应急救援联动的沟通、交流、培训与演练

作为应对突发安全事件需要，各地区和各重大危险源所在单位与兄弟单位或周边地区，要做好快速有效处置各类突发安全事故的经验交流和教育培训，提高应急救援队伍和相关人员的防范事故，快速预警，妥善处置的能力。包括要强化对重大危险源及隐患确认，运用各种检测检验方法；协调各地各单位应急救援物资储备的品种和数量，这样既可以节省费用，避免资源浪费，又满足了应急救援时紧急就近调用相应的物资及设备的需要。

（四）要建成可操作性强的技术网络平台

安全事故应急联动系统作为城市突发公共事件应急联动平台的一部分。要应用先进的现代化通信技术和计算机网络技术，构成一个跨学科、跨专业的综合系统工程。这 系统工程以计算机网络系统为基础，以有线和无线通信系统为纽带，以 ELS 接处警系统为核心，集成 GIS 地理信息系统和计算机辅助决策预案系统，从而使其具有较高的应急处理能力和专业技术水平。

一般来说，应急联动信息系统包括支撑平台、数据库、应用系统，指挥中心和移动救援系统五个方面的内容，集成和应用各种信息获取、处理、传输和发布等高新技术，通过 Internet 和通信网络联合将指挥中心、若干分中心以及一系列应急响应单元和移动救援终端有机地组织起来，实现统一接警、调度与决策。

（五）应急救援的奖励与惩罚机制

对在安全生产事故灾难应急救援工作中有突出表现的单位和个人，应依据有关规定给

予奖励：包括出色完成应急处置任务，成绩显著的；在防止或抢救事故灾难有功，使国家、集体和人民群众的财产免受损失或者减少损失的；对应急救援工作提出重大建议，实施效果显著的；都要通过物质和精神的奖励，激励应急救援人员发挥奋不顾身的精神。

对在安全生产事故灾难应急救援工作中有下列行为之一的，要按照法律、法规及有关规定，对有关责任人员视情节和危害后果，由其所在单位或者上级机关给予行政处分：

第一，不按照规定制定事故应急预案，拒绝履行应急准备义务的。

第二，不按照规定报告通报事故灾难真实情况的。

第三，拒不执行安全生产事故灾难应急预案，不服从命令和指挥，或者在应急响应时临阵脱逃的。

第四，盗窃、挪用、贪污应急工作资金或者物资的。

第五，阻碍应急工作人员依法执行任务或者进行破坏活动的。

第六，散布谣言，扰乱社会秩序的。

其中，对国家公务员和国家行政机关任命的其他人员，分别由任免机关或者监察机关给予行政处分；属于违反治安管理行为的，由公安机关依照有关法律法规的规定予以处罚；构成犯罪的，由司法机关依法追究刑事责任。

第五章　自然灾害的应急管理研究

第一节　自然灾害应急管理概述

我国是世界上自然灾害最为严重的国家之一，灾害种类多、频度大、分布广泛、损失严重。近年来，随着我国社会发展与经济建设进入高速轨道，加上全球环境与气候剧烈变化，自然灾害的发生与演变、危害和影响又出现了一些新的特点，并对人们的生命和财产安全造成了巨大的威胁，不仅成为制约我国经济发展的瓶颈，也是影响我国政治、经济和社会稳定的重要因素；不但给我国政府带来了巨大的挑战，也为我国政府进一步树立良好形象、增强公信力提供了机遇。因此，以“一案三制”为核心、以应急管理部为牵头组织的自然灾害应急管理体系始终是我国应急管理事业发展的关键，是中国共产党践行“立党为公，执政为民”执政理念的重要落脚点，也是实现人民对美好生活需要的关键切入点。

一、自然灾害应急管理内涵

自然灾害应急管理是指政府等社会组织在应对突发自然灾害的整个过程中，通过建立必要的应急体系以及管理体制和机制，采取一系列必要措施，防范和降低自然灾害所带来的人民生命财产损失，恢复社会运行秩序，促进社会和谐健康发展的有关活动。自然灾害应急管理，既有总体上的全面把握推进，也有分地区、分部门和分类别的有重点和有针对性地管理；既可以基于不同的自然灾害类别开展一系列管理活动，也可以基于自然灾害发生演变的过程进行管理。

根据自然灾害的发生发展特征和自然灾害应急管理的目的，从全过程角度，我们将自然灾害应急管理划分为预防与应急准备、监测与预警、应急处置与救援管理以及灾后恢复与重建四个阶段方面的工作。

（一）预防与应急准备

自然灾害应急管理厅强调的预防与应急准备，主要是指为灾害应急响应与处置，保障应急需要，以尽可能降低灾害损失，在自然灾害未发生时和灾害发生前所做的一切防范和准备工作。主要包括：应急管理组织与相关制度（管理体制、机制和法律制度以及预案等），应急队伍、物资装备、资金、工程和技术等保障，以及应急演练和应急知识的宣传、教育和普及等工作。

1. 组织与制度

组织指挥体系与相关制度建设是应对突发自然灾害的根本保证。对于某些自然灾害，可以常设自然灾害应急指挥机构。对于没有常设应急指挥机构的自然灾害应急管理，平时也应当有应对灾害的组织准备，以便灾害发生后能够迅速建立起相应的管理指挥机构。该体系应当由与特定自然灾害应对相关的各方负责人组成，在组织中应当做到权责分明，形成协调配合的机制。通过组织指挥体系职能的行使，能够迅速调动相关资源，有序有效开展自然灾害应急工作。例如在重特大自然灾害中组建自然灾害应急指挥中心，对突发重特大自然灾害预警，灾情信息收集、核实、上报，救灾物资准备和调拨，灾民紧急转移安置，灾民基本生活救助等各个工作环节实行责任制管理，将任务目标落实到了责任人，确保应对突发重特大自然灾害救助有序进行。

建立防灾、减灾、救灾应急管理体系是健全自然灾害事件应急机制建设的重要组成部分。这里所谓的制度，包括自然灾害应急管理的体制、机制、法制以及应急预案，乃至具体的细则规定等。组织指挥体系以及应急管理的体制、机制、法制以及预案体系的建设，不仅为灾时应急处置与救援提供了组织和制度方面的保障，而且对整个应急体系建设，包括各类应急资源的准备与保障、应急演练、社会宣教与动员等工作也起着极大的促进作用。

2. 应急救援队伍

应急救援队伍包括来自三个渠道的人员：一是灾区的自救、互救队伍；二是政府调集的救援队伍；三是志愿者等社会力量。细分则包括：①骨干应急救援队伍，指由公安消防、特警、武警、解放军、预备役部队和民兵等力量组成的应急救援队伍；②专业应急救援队伍，指由政府相关部门组建的有一定专业技术能力，专门处置各类突发事件中专业技术事故的应急救援队伍。包括卫生、建设、国土资源、环保、农业、林业、水利、海事、海洋与渔业、电力、电信等部门应急救援队伍；③综合应急救援队伍，指由基层政府、有关部门、企事业单位和群众自治组织组建的专职、兼职、义务应急救援队伍；④志愿者应急救援队伍，指由共青团、红十字会、青年志愿者协会以及其他组织建立的各种志愿者参加的应急救援队伍；⑤专家应急救援队伍，指由各行业、各领域具备一定专业技术水平的专家人才组成的专家组。从所从事的具体救援工作来看，应急救援队伍可分为：灾情分析与灾害控制专家队伍、搜救队伍、搜救技术支援队伍、搜救装备支援队伍、工程抢险队伍、卫生防疫队伍、物资保障队伍、基础设施快速恢复建设队伍（水、电、通信、交通等）、心理救助队伍、辅助服务队伍、治安队伍等。

3. 应急物资和装备保障

为做好自然灾害的灾前应急管理，要建立健全应急物资监测网络、预警体系和应急物资生产、储备、调拨及紧急配送体系，完善应急工作程序，确保应急所需物资和生活用品的及时供应，并加强对物资储备的监督管理，及时予以补充和更新。应急物资是指应对自然灾害事件时，需要使用的生活必需品、药品及医疗器械和粮食等物资。装备是指应对自然灾害事件时，需要动用的交通运输工具、通用工程机械、通信设备、医疗卫生设备。

自然灾害事件发生时，受灾地区的商品和物资保障应迅速、有序、有效，确保居民生活必需品的供应不脱销、不断档、保质量；救灾及应急物资的储存、调拨、供应要依托社会、企业、市场，发动和依靠各级力量应对灾害事件。各专项应急救灾队伍根据不同预警级别对其所指挥的应急事项全过程物资、技术装备需求进行分解，归纳整理，建立起不同级别的专项应急物资、技术装备目录。政府相关部门负责对各个专项应急指挥部物资、技术装备目录的归纳整理，建立起全市应急物资、技术装备信息库和全市应急物资、技术装备企业名单及联系制度。同时建立应急物资、技术装备信息库，制定应急物资、技术装备标准，构建现代三级物资储备保障体系信息网络等。此外，为保障救灾人员、灾民和救灾物资的运送，信息指令传达的通畅，以及现场抗灾抢险工作的顺利开展，其他相关部门诸如交通和通信方面也必须有预先的物资装备准备和科学防范机制。

4. 资金保障

抗灾、救灾，安置灾民，重建生产，需要大量的资金、人力和物力。这些资金的来源包括：①政府的救灾预算、重特大自然灾害发生后临时追加和拨付的救灾款项。根据《中华人民共和国预算法》相关条款，每年按照财政支出的适当比例安排政府预备费，作为公共财政应急储备资金；同时财政部门要在一般支出预算中增设自然灾害事件应急专项准备资金，并根据应急管理工作的需求，逐步提高资金提取比例。②保险资金。民政部门从1988年起，在全国部分地区开展了救灾合作保险试点。救灾合作保险是救灾工作的一项根本改革，以改国家独资救灾为社会集资救灾。按照救灾合作保险的性质和特点，保险金作为救灾资金的一部分，无灾年作为储备资金，并以轻灾年补重灾年，但救灾保险本质上仍属于社会保险的一部分。③民间救灾基金和救灾捐款。世界许多国家的经验证明，通过财政应急保障预案来保证抗灾救灾资金的及时到位是灾害应急资金保障的必要途径之一，同时，适当应用保险与基金的策略无疑也是一条必要和可行之路。如此可动员全社会力量，集中一切可以集中的人力物力，投入抗灾、救灾工作中去。中国经济的发展，国家和社会团体及个人收入的增加，适时增设抗灾、救灾基金是十分必要的。

5. 防灾减灾工程与技术准备

自然灾害造成损失的严重程度与致灾自然因子和承灾体的状况特点密切相关，因此，在自然灾害发生前，针对可能发生的自然灾害的致灾因子和承灾体开展必要的防灾减灾工程和技术准备，可以有效地缓解和降低自然灾害所带来的损失。主要的防灾减灾工程如：江河防汛抗旱工程；重要大城市的防汛、抗震工程；险堤、险库的加固工程；沿海地区的地面沉降防治措施；山区的防塌、防滑工程；国土绿化工程；避难场所；分洪蓄洪区等。较大的防灾减灾工程一般根据自然灾害区划和重大隐患源而立项和建设。防灾减灾技术准备如：监测和人工干预自然灾害发生发展过程的技术及装备等。

6. 演练与宣教

为了在灾害发生后能够迅速有效地开展灾害处置和应急救援，同时也为了检验已开展各项准备工作的成效，进行自然灾害应急预案的总体演练和专项活动演练，如群众疏散、信息和指挥系统运行情况等，是十分必要的。同时，开展自然灾害及其应急管理的宣传、培训、教育更是一项十分基础性的工作。要有效利用多种方式，一方面加强对应急队伍和管理人员的应急专业培训，另一方面加强对全民的防灾救灾宣传、培训和教育工作，特别是预防、避险、自救、互救、减灾等知识，提高民众的灾害意识和自救、互救能力。唯此自然灾害来临时，才能镇定自若，全身心投入抗灾救灾活动中去。

（二）监测、预报和预警

监测就是由专业和群众性的自然灾害监测台网和监测体系监视成灾预兆，测量变异参数，及灾害发生后对灾情进行监视和评估等。预报分为长期、中期和短期预报，及临灾预报，通过对自然灾害的监测提供数据和信息，进行示警和预报，是自然灾害管理工作的前期准备和灾害发生后进行再应对和管理的科学依据。自然灾害的预警是指由指定部门或机构根据监测和预报信息等作出的自然灾害即将发生并要求开展应急准备的警示通告。科学的监测、预报和预警机制是开展应急管理、最大限度地减轻自然灾害所带来危害的重要前提。

自然灾害的监测应急管理不仅要求进行保持实时数据信息监测，还应当建立或者确定区域统一的特定类别自然灾害信息系统，汇集、储存、分析、传输有关自然灾害的信息，并与上下级政府及其有关部门、专业机构、监测网点和毗邻地区的突发事件信息系统实现互联互通，加强跨部门、跨地区的信息交流与情报合作。

自然灾害发生前大多可以进行预警。我国有关法规规定，自然灾害的预警级别，按照其发生的紧急程度、发展势态和可能造成的危害程度分为一级、二级、三级和四级，分别用红色、橙色、黄色和蓝色标示，一级为最高级别。预警是对即将可能发生的自然灾害情况的一种警示通告，同时也蕴含着对预警区域政府、社会单位和民众采取相应自然灾害防范措施的提示和要求。宣布进入预警期后，政府应当根据即将发生的突发事件的特点和可能造成的危害，采取相应措施：如预案的启动、应急物资的调拨和人员临战的准备等。

（三）应急响应、处置与救援

应急响应、处置与救援是指各种应急资源在灾害发生、预警发布或预案启动后，迅速进入各自应急工作状态，并按应急管理指挥机构的部署和指令安排迅速开展应急处置和救援活动，消除、减少事故危害，防止事故扩大或恶化，最大限度地降低事故造成的损失或危害，直至应急响应结束。按过程可分为接警与响应级别确定、应急启动、开展救援行动、应急恢复和应急结束等过程。

1. 接警与响应级别确定

接到事故报警后，按指定工作程序，对警情做出判断，初步确定相应的响应级别。如果事故不足启动应急救援体系的最低响应级别，响应关闭。

2. 应急启动

响应级别确定后，按启动相应应急程序，如通知应急中心有关人员到位、开通信息与通信网络、通知调配救援所需的应急资源（包括应急队伍和物资、装备等）、成立现场指挥部等。

3. 开展救援行动

相关应急队伍进入事故现场后，迅速开展事故侦测、警戒、疏散、人员救助、工程抢险等有关应急救援工作，专家组为救援决策提供建议和技术支持。当事态超出响应级别而无法得到有效控制时，向应急中心请求实施更高级别的应急响应。

4. 应急恢复

救援行动结束后，进入临时应急恢复阶段。该阶段主要包括现场清理、人员清点和撤离、警戒解除、善后处理和事故调查等。

5. 应急结束

执行应急关闭程序，由事故总指挥宣布应急结束。

应急响应、处置与救援是自然灾害应急管理最核心的环节，是一系列极为复杂的、社会性的、半军事化的紧急行为。应急响应、处置与救援同时又是一个高速运转的复杂动态巨系统。在这一系统中，各要素、子系统均围绕着搜寻和抢救人民生命财产以及工程和次生灾情的抢险而展开工作。

（四）灾后恢复与重建

灾后恢复与重建的主要工作是迅速恢复社会生活秩序、恢复经济生产，破旧立新、重建家园，实现由“战时”向“平时”的转化。一次大灾过后，各种建筑设施的破坏，工矿企业的停产，金融贸易的停滞，家庭结构的破坏等均会引起巨大的衍生损失，因此为了尽快安置灾民、恢复生产，必须强调灾后重建工作的极端重要性。在灾后恢复与重建的过程中，资金和政策支持极为重要。

在自然灾害应急处置结束或者恢复重建工作基本结束之后，还需对本次自然灾害的发生发展情况和应急管理情况做认真的总结。这里所指的总结，既包括对经验教训的总结，更重要的是为健全应急体系，提高应急管理能力，防范未来发生自然灾害起重要的支撑作用。

二、自然灾害应急管理的本质特征

从上述对自然灾害应急管理的定义和人类自然灾害应急管理的实践发展可以看出，自然灾害的应急管理强调以下几个方面的本质特征：

（一）自然灾害应急管理的主体是政府及其他公共组织

影响范围大是自然灾害的主要特点之一，自然灾害应急管理属于公共管理的范畴，因而其主体与一般公共管理的主体是一致的。政府及其他公共组织除了常规管理之外，还应居安思危，准备和应对各种可能出现的紧急情况。自然灾害应急管理机构主要是政府综合部门和相关专业部门，同时还有行使公共管理职责的其他公共机构，例如非政府组织、社会公共事业单位等。突发事件应急管理通过建立必要的应对机制来防范和化解危机，不同于一般的公共管理。常规的公共管理机制不足以处理突发的、不确定的、易变的、破坏性强的自然灾害，需要通过特殊的机制，采取特殊的应对手段，建立起完整的、严密的灾害管理体制与运作机制，其中包括必要的机构设置。

（二）自然灾害应急管理的目的是防范自然灾害、减轻灾害损失和恢复秩序

自然灾害应急管理是全方位、全过程的管理工作，是一个完整的系统工程，包括事前预防、事发应对、事中处置和善后管理四个环节，通过建立必要的应对机制，采取一系列必要措施，保障公众生命财产安全，促进社会和谐健康发展。应急管理应坚持六大原则，即以人为本、减少灾害的原则；居安思危、预防为主的原则；统一领导、分级负责的原则；依法规范、加强管理的原则；协同应对、快速反应的原则和依靠科技、全民参与的原则。自然灾害应急管理强调：对于已经发生的自然灾害事件，通过预警应急响应、组织群众疏散、实施灾民救助和人工干预灾害，缓解灾害发展，减少由灾害造成的损失；同时，在日常工作中未雨绸缪，做好防范工作，以降低自然灾害可能带来的损失；自然灾害过后，还需着手组织家园重建、心理抚慰、生产生活秩序恢复等工作。

（三）“一案三制”是自然灾害应急管理工作有效开展的保证

完善科学的自然灾害应急预案，拟定应对自然灾害的基本规则和程序，可以保证自然灾害应急管理有章可循。应急预案是自然灾害事件应急响应的操作指南。自然灾害应急管理体制和机制，对应着应急 管理的组织机构、权责关系、运行机理和制度。自然灾害应急管理要求建立健全、集中、统一和强有力的指挥机构，建立健全领导指挥和组织的责任制，形成强大的社会动员体系，形成统一指挥、功能齐全、反应灵敏、相互协调、保障有力、运转高效的应急机制。自然灾害应急管理的法治，主要是指要依法开展自然灾害应急管理工作，努力使自然灾害的应急处置逐步走上规范化、制度化、法治化轨道，并注意通过总结实践，促进法律、法规和规章的不断完善，做到有法可依、有法必依、违法必究。

（四）自然灾害应急管理是一项意义重大的社会管理工作

加强应急管理，提高预防和处置包括自然灾害在内的各种突发事件的能力，是关系经济社会发展全局和人民群众生命财产安全的大事；是构建和谐社会的重要内容；是坚持以人为本、执政为民的重要体现；是全面履行政府职能，进一步提高行政能力的重要方面。加强自然灾害应急管理，可以最大限度地预防和减少自然灾害的发生及其造成的损害，保障公众的生命财产安全，维护国家安全和社会稳定，促进经济社会全面、协调、可持续发展。

第二节　地质灾害的应急管理

一、地质灾害应急管理相关概念界定

（一）地质灾害的含义

不同地区的地质灾害诱因不一，种类不一，不同的研究人员根据自己的研究领域及生活经验对地质灾害有不一样的认识，因此国内外对地质灾害的概念界定暂时还没有完全统一的规范。根据文献的整理分析可知，国内外学者在某些方面的观点在一定程度上具有相通性。第一个是地质灾害诱因的双重性：自然因素的内力作用和人类活动的外力作用；第二个是地质灾害会造成严重后果：社会动荡、人员伤亡、财产损失、环境破坏等。

（二）地质灾害的分类

从不同角度和标准，地质灾害被划分为不同的种类：

第一，根据地质灾害的成因分类。由地球活动，如火山喷发、强降雨等原因引发的地质灾害称为自然地质灾害；由人类活动，如大兴土木、大型建筑修建等原因引发的地质灾害称为人为地质灾害；由地球活动和人类活动共同引发的地质灾害称为复合型地质灾害。

第二，根据地质灾害的活动速度分类。突然发生、并在短时间内完成灾害活动全部过程的地质灾害称为突发性地质灾害，主要有火山、地震和崩塌等；发展过程缓慢而漫长，人们通过技术手段可以检测的地质灾害称为缓变性地质灾害，又称为累进性地质灾害，如土地盐渍化和水库淤积等。

第三，根据地质灾害的自然地理条件分类。发生在山区的地质灾害称为山地地质灾害，如山体崩塌、滑坡和泥石流等；发生在平地的地质灾害称为平原地质灾害，如地面塌陷、地裂缝和地面沉降等；对海洋工程具有危害的地质灾害称为海洋地质灾害，如海底滑坡、海底冲淤、海岸入侵等。

第四，根据地质灾害活动与灾害主导动力的关系分类。由地质作用直接造成的灾害称为原生地质灾害，它不但可以直接对人类生命财产安全造成威胁，而且还可能引发一种或多种其他的地质灾害；由自然灾害引起的地质灾害称为次生地质灾害，又称衍生地质灾害，如地震引起的滑坡、火山引起的泥石流等。

（三）地质灾害的特征

1. 突发性强，破坏性大

多数突发性地质灾害往往突然发生，没有明显的前兆现象，活动强烈，难以进行预测、预报和预防工作，常常使人猝不及防，没有多余的反应时间，造成严重的破坏和损失。这些破坏不仅仅包括人类的生命财产安全，还包括直接或间接对生态环境、社会稳定、自然资源、大气条件等带来的威胁。

2. 种类繁多，分布面广

中国常见的地质灾害有地震、泥石流、土地沙漠化和土地盐碱化等48种之多，根本原因是中国的特殊地理位置——中国地处太平洋板块的俯冲和印度板块向北对亚洲板块的碰撞处——加上不合理的人类工程活动，导致中国地质灾害种类繁多，且有越演越烈之势。除此之外，地质灾害在我国分布广泛，几乎遍及我国所有省（自治州、直辖市）。

3. 不可避免，紧迫性强

地质灾害，尤其是自然地质灾害发生的地点、频率和规模等具有自发性，不以人类意识为转移，是不能避免的，如果不及时进行控制的话，会有衍生次生地质灾害的可能，从而加剧地质灾害的破坏力，带来更严重的后果。因此一旦发生地质灾害，相关部门应快速反应，及时进行控制活动。

二、地质灾害管理体系

应急管理自古有之，从人们为了求得生存而预测灾害到部落间为防止异族入侵再到国与国之间的战争防御，从原始的吼叫、攀枝瞭望到烽火狼烟再到现在的卫星监控，应急管理逐步由本能的不自觉转变为自觉。尤其是二战后各国开始进行应急管理系统研究。因国家体制、文化的不同，目前应急管理体系（模式）主要有两个类型：一为首长负责制的集中式管理，国家建立自上而下的综合管理机构，统一主导协调、应对、处置灾害，代表国为美、俄、日等国；二为以地方负责制为主的分散式管理，对灾害的协调、应对、处置以地方政府和社会为主导，国家主要处置特殊灾害，代表国有英、德、法等国。

地质灾害专项应急管理体系是一个面对多对象、多层次、多状态、多尺度的复杂大系统，根据国家组织机构设置及其职能分工，该专项应急管理是以行政等级为纵轴、以职能划分为横轴的多维立体矩阵式结构体系。按《国家突发地质灾害应急预案》工作原则，该项应急管理是以在各级政府统一领导下，有关部门各司其职密切配合为原则。为统一领导，灵活、高效地实施应急管理，各级政府根据突发事件的种类和应急管理的需要，成立涵盖地质灾害的专门综合应急指挥管理体系，有效地承启各级政府和各部门间的统一协调，避免由于职能的模糊而造成的管理曲折、效率低下的弊端，充分利用和共享已建立起的各种社会应急管理资源和力量，实行分类管理、分级负责、条块结合、属地为主，并实现应急管理“点”与常态行政管理“面”的有机结合。

三、地质灾害应急管理机制概述

有了完善的管理体系还必须要有与之相适应的“软件”（机制）驱动，才能构成集中领导、统一指挥、分级负责、反应灵敏、协调有序、运转高效的应急管理体制。地质灾害作为专项灾种，有着其独特特性，从管理层面与其发展状态和阶段看，存在着两种状态四个阶段：两个状态为平常状态（常态）、灾害状态；四个阶段为预防（Prevention）、准备（Preparation）、响应（Response）、恢复（Recovery）。由此决定了地质灾害的应急管理机制与相应的管理体系一样，有着由宏观到具体、呈现分级多层次递进式结构。

（一）应急常态机制

地质灾害应急预防和准备两阶段处于事前常态。预防阶段重点进行应急管理的机构、程序、制度的构建，搭建地质灾害应急防治管理基础平台，以建立地质灾害应急法规机制、应急监督机制、信息管理机制、预测预报机制、科学研究机制、宣传教育机制等为重点。准备阶段主要进行应急保障和预案管理，为下阶段做好资源、队伍、技术、信息、方案等准备，主要包括应急保障管理机制、监测预警机制（结合群测群防机制）、技术支持与会商机制、预案管理机制等。在此基础上再依据各宏观机制职能制定下级具体机制，如应急保障管理机制下细化出应急物资储备调度管理机制、应急队伍建设管理机制、应急资金保障机制等；应急预案管理机制以下制定预案编制修订机制、预案宣传发布机制、预案演练培训机制、预案执行评价机制等。

（二）应急状态机制

地质灾害应急状态包含事中的响应和事后的恢复两阶段。其中响应阶段主要任务是对险情或灾害实施应急处置、救援，是对预防、准备这前两阶段的检验，最大限度降低灾害损失的关键时段，重点要构建快速反应机制、应急调查评估机制、应急指挥机制、信息发布机制、社会动员机制、应急救援机制、秩序维护机制等。恢复阶段重点以最短时间恢复灾区的正常秩序并开展重建，以应急响应后的善后管理、秩序恢复、社会重建与人道救助为主，需要建立总结评价机制、恢复重建机制、人道援助机制、政策扶持机制、后期防治机制等。以此为依托制定下级具体机制，如应急指挥机制下的信息速报机制、灾情险情评估机制、会商辅助决策机制、决策指挥信息管理机制等；总结评价机制下的总结评价机制、绩效考评机制、奖惩问责机制；恢复重建机制中的社会重建机制、心理重建机制、基础重建机制等。

四、地质灾害常态应急管理

区域性、隐蔽性、发展性决定了对地质灾害的应急管理必须实施常态化，也是人类变被动救援为主动防御的管理进步，是地质灾害发生前的预防、控制与处置准备，是政府常态管理的延伸与强化，属风险管理。

（一）基础平台

对地质灾害的应急管理是建立在政府常态职能管理基础之上的，通过构建专门的应急管理体系，依托各级政府建立起相应系统化、专业化的应急管理部门和处置队伍；完善应急管理机制体系，健全应急管理相关法制、规章、程序等，给应急管理营造一个法治化、规范化环境；搭建应急指挥中心，给各级应急管理部门提供一个现代化、标准化办公平台；架构信息网络中心，研制各项应急管理系统，为地质灾害应急管理提供科学化、信息化支持平台。并将各体系有机地集成为广义的应急管理主体，使其高效科学运转。

（二）应急预防

科技的不断进步和管理理论的逐步发展，人们面对可能的危险、灾害采取了更加主动的措施，将应急管理的关口前移，进一步加强和完善了应急管理体系，主动预防、提前控制。对于地质灾害来说，预防阶段同样也是应急管理的重要关口。首先通过地质灾害应急管理体系、机制的完善与基础平台的搭建，为地质灾害的应急管理打下扎实的基础。同时以政府常态管理为基础，利用政府常态管理中地质灾害调查、防治规划、群测群防等获取的信息，针对高风险的区域和重大单体实施预测、预报、监测预警、勘查研究等措施，从源头主动规避或消除风险。充分利用现代科技手段展开地质灾害知识及其应急管理宣传教育，定期对相关队伍进行培训，改变我国民众风险意识淡薄的现状，提高人们防范意识和应急能力。顺应地质灾害的发展动向，前瞻性地进行应急管理理论、方法、技术等研究，建立应急管理技术支撑体系，开展国际交流与合作，不断推动应急管理水平的全面发展。

（三）应急准备

机遇总是给有准备的人。应急准备是决定地质灾害救援成效的关键，其主要任务是为灾害发生后的应急响应提供资源（人、财、物）、技术（预案、专家）、思想（心理、认识）等准备。资源方面充分利用国家和社会应急资源，结合本辖区地质灾害分布特点，共享并合理规划救援物资的分布与储备，组建地质灾害应急处置专业队伍，设立地质灾害应急救援专项资金保障，并完善与之配套的管理程序、制度、法规，研发相应的应急资源管理系统（管理、调度、监督信息系统等）。技术上不断完善地质灾害应急预案，制定预案编制、修订、发布、评价等管理规章，构建地质灾害应急专家库和专业技术支撑单位。结合对预案的管理，扎实地落实预案内容，定期组织应急预案的培训和演练，提高应急队伍的专业水平和民众的防范意识以及心理准备，推动预案的落实、宣传与可操作性的检验。

五、地质灾害应急状态管理

地质灾害应急状态是指灾害即将（险情）或已经发生（灾情）时，为最大限度地降低灾害损失，避免发生次生灾害，并使受灾地区尽快恢复到正常状态，而采取的系列管理措施，属非常态应急管理范畴。

（一）先期处置

能把握时机者就能掌握主动。当地质灾害即将发生或发生的初期，是最大限度降低灾害损失减少应急成本的黄金时段，而快速、全面、准确地获取并发布相关信息尤为关键。对于突发地质灾害的先期应急处置主要包含信息速报、应急调查、信息发布、监测预警、疏散排险、先期救援等。首先根据自然资源部关于地质灾害速报制度要求，以最短的时间将地质灾害险情或灾情按程序报告相关部门；政府和主管理部门立即派出应急调查小组，现场核实、收集相关信息，提出相关建议，并及时报告应急指挥中心，划定安全区域、撤离路线，制定并协助实施应急监测预警方案、紧急疏散受威胁居民，规避风险、遏制灾害扩展、避免次生灾害等；应急管理中心根据现场应急调查信息确定响应等级、方案、救助措施等；政府和主管部门根据获取的信息按照信息先行“3T”［以我为主提供情况（Tell your own tale），提供全部情况（Tellit all），尽快提供情况（Tellit fast）］原则，依程序向社会发布有关信息，并充分利用现有资源开展先期救援和现场动员。

（二）应急响应阶段是各项地质灾害应急措施的实施阶段

为降低灾害损失、控制风险的重要时刻，其重点是进行科学决策、高效指挥、及时救助、信息透明、社会动员等。首先是在先期应急处置的基础上，通过信息分析、险情灾情评价、专家会商等快速、科学地做出决策，果断地启动应急预案，并根据响应过程实时完善细化处置方案；按照灾区情况，超前动态地分析灾区资源需求，及时有序地指挥调度应急资源进入灾区，并动员社会力量进行自救、互救或参与政府应急管理行动，在应急处置过程中对民众善意疏导、正确激励、有序组织，维护灾区秩序；实施灾区人员搜救与财产保护，开展医疗救助、卫生防疫、灾民安置，排除潜在危害和次生灾害，并定期及时、准确地向公众发布灾害救助和应急管理方面的信息，主动引导和把握舆论报道，增强信息透明度，掌握舆论导向，按程序宣布响应结束。

（三）恢复重建

恢复阶段为应急管理过程的收官时期，对灾区的灾后重建、人民信心恢复、提升应急管理能力起着至关重要的作用。其主要任务是进行总结考评、展开人道援助、开展灾害治理、实施恢复重建等。一次全过程的应急响应，是对整个应急管理体系的全面检验，及时、全面、深度地总结分析是提升应急管理能力的保证，分析、查找工作中的不足和问题，考评实施中的成功经验，不断完善应急体制，及时修订更新应急预案，并奖罚相关团体和个人。有效组织管理各种渠道的人道援助和对口支援，加强监督、协调和总体规划，保证援助质量。

第三节　地震灾害的应急管理

一、地震的形成及其分类

地震一般指地壳的快速震动，地震的发生是地球本身在不断变化的表现，是震源所在处的物质发生形态改变和位置移动的结果，同台风、暴雨、洪水、雷电等一样，是地球上经常发生的一种自然现象。在地震学术语中，把地震震动的发源处称“震源”；地面上与震源正对着的地方称“震中”；地面上其他地点到震中的距离称“震中距”，到震源的距离称“震源距”；从震中到震源的垂直距离，称“震源深度”。此外，在一个地震序列中，把其中最大的一次地震，称为“主震”，把主震前发生的地震称为“前震”，把主震后发生的地震称为“余震”。

根据地震的成因，可以把地震分为以下几种。

（一）构造地震

由地壳（或岩石圈，少数发生在地壳以下的岩石圈上地幔部位）发生断层而引起。地壳（岩石圈）在构造运动中发生形变，当形变超出了岩石的承受能力，岩石就发生断裂碰撞，在构造运动中长期积累的能量迅速释放，造成岩石震动，从而形成地震。此类地震发生的次数最多，破坏力也最大，约占全世界地震的90%以上。几乎所有的破坏性地震均属于构造地震。

（二）塌陷地震

由于地下岩洞或矿井顶部塌陷而引起的地震称为塌陷地震。这类地震的规模、频率较小，一般发生在溶洞密布的石灰岩地区或大规模地下开采的矿区。

（三）火山地震

由于火山作用，如岩浆活动、气体爆炸等引起的地震称为火山地震。只有在火山活动区才可能发生火山地震，这类地震一般较小，为数不多，只占全世界地震的7%左右。其特点是震源常限于火山活动地带，一般深度不超过10公里的浅源地震，震级较大，多属于没有主震的地震群型，影响范围小。

（四）诱发地震

在特定地区因地下核爆炸、陨石坠落、油井灌水等外界因素诱发而引起的地震，其中最常见的是水库地震。水库蓄水后改变了地面的应力状态，且库水渗透到已有的断层中，起到润滑和腐蚀作用，促使断层产生新的滑动。当库区存在活动断裂、岩性刚硬等条件，就可能诱发地震。

（五）人工地震

地下核爆炸、炸药爆破等人为引起的地面震动称为人工地震。人工地震是由人为活动引起的地震。如工业爆破、地下核爆炸造成的振动；在深井中进行高压注水以及大水库蓄水后增加地壳压力诱发地震。

二、地震灾害的特点

（一）突发性极强

地震的孕育是缓慢的，但其发生却十分突然，令人猝不及防。一次地震，持续时间往往只有几十秒钟或一两分钟，却足以彻底摧毁一座城市，使之成为一堆瓦砾。经验表明，地震的突发性是造成人员伤亡最重要的原因。地震发生突然，在短暂时间内造成大量房屋倒塌、人员伤亡，这是其他自然灾害难以相比的。加之平时没及时、准确地预测、预报、预兆，以致来不及防范和逃避，加剧了其突发性的特点。

（二）破坏性大，成灾广泛

一次破坏性地震释放的能量往往相当于几颗甚至几百颗原子弹的能量。地震波到达地面以后造成了大面积的房屋和工程设施的破坏，若发生在人口稠密、经济发达地区，往往可能造成大量的人员伤亡和巨大的经济损失，尤其是发生在城市里。同时，一次大地震灾害发生时，其地震波可达到震中周围几十公里或上千百公里范围，造成很远地方以及社会经济生活多个领域的灾情。

（三）社会影响深远

大地震由于突发性强、伤亡惨重、经济损失巨大，往往会产生一系列连锁反应，对于一个地区甚至一个国家的社会生活和经济活动造成巨大冲击，因此往往会引起社会、政府乃至国际上的高度重视。同时，一次地震的破坏区虽然有限，有感范围却很大，波及面广，对人们心理上的影响也比较大，这些都可能造成较大的社会影响。

（四）次生灾害严重

正如前面所述，地震不仅产生严重的直接灾害，而且不可避免地产生次生灾害。甚至部分次生灾害的严重程度大大超过直接灾害造成的损害。一般情况下次生或间接灾害是直接经济损害的两倍，大的滑坡都属于次生灾害，还有火灾等；在次生灾害中不是单一的火灾、水灾、泥石流等，还有滑坡、瘟疫等，这些都属于次生灾害。

（五）持续时间较长

持续时间包括地震发生和地震灾后重建两个时间阶段。主震之后的余震往往持续很长一段时间，也就是地震发生以后，在近期内还会发生一些比较大的余震，虽然余震没有主震大，但也会有不同程度的发生，影响时间比较长。另一方面，由于地震破坏性大，使灾区的恢复和重建周期比较长。地震造成了建筑物、生命线工程、生产条件等的损毁，需要进行灾情调查、制订恢复和重建计划并实施。这一系列的工作需要相对长的时间。

（六）具有地域性和准周期性

地震发生与发生地的地质构造状况密切相关，地震往往发生在地球上那些断层活动最强烈的地质构造带。同时，地震历史统计数据显示，地震灾害在同一地点或地区要相隔几十年或者上百年，或更长的时间才能重复地发生。因此目前关于地震发生规律的研究认为，地震灾害对同一地区来讲具有准周期性，即具有一定的周期性，认为在某处发生过强烈地震的地方，在未来几百年或者一定的周期内还可以再重复发生。

（七）防御难度大

地震灾害的防御难度大主要源于三个方面：一是其突发性强，令人猝不及防；二是与洪水、干旱和台风等气象灾害相比，地震的预测要困难得多，地震预报是一个世界性难题；三是建筑物抗震性能的提高需要大量资金的投入，要减轻地震灾害需要各方面协调与配合，需要全社会长期艰苦细致的工作，因此地震灾害的预防比其他灾害更困难。

（八）灾害损失与社会和个人的防灾意识密切相关

众多震害事件表明，在地震知识较为普及、有较强防灾意识的情况下，可大幅度减少地震发生后造成的灾害损失；相反，则会明显加重灾情，并造成很多本不该发生的或完全可以避免的人身伤亡。

三、地震灾害应急管理的工作机制

依据《中华人民共和国防震减灾法》《国家地震应急预案》和省各级地区政府地震应急预案相关法律法规的规定，我国地震应急管理的工作机制由预警和预防机制、应急响应机制、后期处置机制三部分构成，其中应急处置、应急指挥包含在应急响应程序中。而由于国家级、省级、地市级、县级在应对地震荡、灾害时，由于角色、分工和作用不同，预警和预防机制、应急响应机制、后期处置机制的具体内容也有所不同，但总体思想与《中华人民共和国防震减灾法》《国家地震应急预案》是一致的，本书由此将预警和预防机制分类：国家级预警和预防机制、省级预警和预防机制、地市级预警和预防机制、县级预警和预防机制。同理，应急响应机制、后期处置机制也以相同的方式进行划分。

（一）预警和预防机制

1. 信息监测与报告

各级地震监测台网对地震监测信息（含火山监测信息）进行检测、传递、分析、处理、存储和报送；群测群防网观测地震宏观异常并及时上报。中国地震台网中心对全国各类地震观测信息进行接收、质量监控、存储、常规分析处理，进行震情跟踪。

2. 预警预防行动

中国地震局在划分地震重点危险区的基础上，组织震情跟踪工作，提出短期地震预测意见，报告预测区所在的省（区、市）人民政府；省（区、市）人民政府决策发布短期地震预报，及时做好防震准备。

在短期地震预报的基础上，中国地震局组织震情跟踪工作，提出临震预测意见，报告预测区所在的省（区、市）人民政府；省（区、市）人民政府决策发布临震预报，宣布预报区进入临震应急期。预报区所在的市（地、州、盟）、县（市、区、旗）人民政府采取应急防御措施，主要内容是：地震部门加强震情监视，随时报告震情变化；根据震情发展和建筑物抗震能力以及周围工程设施情况，发布避震通知，必要时组织避震疏散；要求有关部门对生命线工程和次生灾害源采取紧急防护措施；督促检查抢险救灾的准备工作；平息地震谣传或误传，保持社会安定。

（二）应急响应机制

1. 分级响应

（1）地震灾害事件分级。

特别重大地震灾害，是指造成300人以上死亡，或直接经济损失占该省（区、市）上年国内生产总值1%以上的地震；发生在人口较密集地区7.0级以上地震，可初判为特别重大地震灾害。

重大地震灾害，是指造成50人以上、300人以下死亡，或造成一定经济损失的地震；发生在人口较密集地区6.5~7.0级地震，可初判为重大地震灾害。

较大地震灾害，是指造成20人以上、50人以下死亡，或造成一定经济损失的地震；发生在人口较密集地区6.0~6.5级地震，可初判为较大地震灾害。

一般地震灾害，是指造成20人以下死亡，或造成一定经济损失的地震；发生在人口较密集地区 5.0~6.0 级地震，可初判为一般地震灾害。

（2）地震应急响应分级和启动条件。

应对特别重大地震灾害，启动Ⅰ级响应。由灾区所在省（区、市）人民政府领导灾区的地震应急工作；国务院抗震救灾指挥部统一组织领导、指挥和协调国家地震应急工作。

应对重大地震灾害，启动Ⅱ级响应。由灾区所在省（区、市）人民政府领导灾区的地震应急工作；中国地震局在国务院领导下，组织、协调国家地震应急工作。

应对较大地震灾害，启动Ⅲ级响应。在灾区所在省（区、市）人民政府的领导和支持下，由灾区所在市（地、州、盟）人民政府领导灾区的地震应急工作；中国地震局组织、协调国家地震应急工作。

应对一般地震灾害，启动Ⅳ级响应。在灾区所在省（区、市）人民政府和市（地、州、盟）人民政府的领导和支持下，由灾区所在县（市、区、旗）人民政府领导灾区的地震应急工作；中国地震局组织、协调国家地震应急工作。

如地震灾害使灾区丧失自我恢复能力、需要上级政府支援，或者地震灾害发生在边疆地区、少数民族聚居地区和其他特殊地区，应根据需要相应提高响应级别。

2. 信息报送和处理

震区地方各级人民政府迅速调查了解灾情，向上级人民政府报告并抄送地震部门；重大地震灾害和特别重大地震灾害情况可越级报告。

国务院民政、公安、安全生产监管、交通、铁道、水利、建设、教育、卫生等有关部门迅速了解震情灾情，及时报国务院办公厅并抄送国务院抗震救灾指挥部办公室、中国地震局和民政部。

中国地震局负责汇总灾情、社会影响等情况，收到特别重大、重大地震信息后，应在 4 小时内报送国务院办公厅并及时续报；同时向新闻宣传主管部门通报情况。

国务院抗震救灾指挥部办公室、中国地震局和有关省（区、市）地震局依照有关信息公开规定，及时公布震情和灾情信息。在地震灾害发生 1 小时内，组织关于地震时间、地点和震级的公告；在地震灾害发生 24 小时内，根据初步掌握的情况，组织灾情和震情趋势判断的公告；适时组织后续公告。

3. 通信

及时开通地震应急通信线路，利用公共网络、通信卫星等，实时获得地震灾害现场的情况。

地震现场工作队携带海事卫星、VSAT 卫星地面站等设备赶赴灾害现场，并架通通信线路，保持灾害现场与国务院抗震救灾指挥部的实时联络。灾区信息产业部门派出移动应急通信车，及时采取措施恢复地震破坏的通信线路和设备，确保灾区通信畅通。

4. 指挥与协调

（1）Ⅰ级响应。

由灾区所在省（区、市）人民政府领导灾区的地震应急工作；国务院抗震救灾指挥部统一组织领导、指挥和协调国家地震应急工作。

第一，灾区所在省（区、市）人民政府领导灾区的地震应急工作。

省（区、市）人民政府了解震情和灾情，确定应急工作规模，报告国务院并抄送国务院抗震救灾指挥部办公室、中国地震局和民政部，同时通报当地驻军领导机关；宣布灾区进入震后应急期；启动抗震救灾指挥部部署本行政区域内的地震应急工作；必要时决定实行紧急应急措施。

省（区、市）抗震救灾指挥部组织指挥部成员单位和非灾区对灾区进行援助，组成现场抗震救灾指挥部直接组织灾区的人员抢救和工程抢险工作。

第二，国务院抗震救灾指挥部统一组织领导、指挥和协调国家地震应急工作。

中国地震局向国务院报告震情和灾情并建议国务院抗震救灾指挥部开始运作；经国务院批准，由国务院抗震救灾指挥部统一组织领导、指挥和协调国家地震应急工作。

中国地震局履行国务院抗震救灾指挥部办公室职责；国务院有关部门设立部门地震应急机构负责本部门的地震应急工作，派出联络员参加国务院抗震救灾指挥部办公室工作。

（2）Ⅱ级响应。

由灾区所在省（区、市）人民政府领导灾区的地震应急工作；中国地震局在国务院领导下，组织、协调国家地震应急工作。

第一，灾区所在省（区、市）人民政府领导灾区的地震应急工作。

省（区、市）人民政府了解震情和灾情，确定应急工作规模，报告国务院并抄送中国地震局和民政部，同时通报当地驻军领导机关；宣布灾区进入震后应急期；启动抗震救灾指挥部部署本行政区域内的地震应急工作；必要时决定实行紧急应急措施。

省（区、市）抗震救灾指挥部组织指挥部成员单位和非灾区对灾区进行援助，组成现场抗震救灾指挥部直接组织灾区的人员抢救和工程抢险工作。

第二，中国地震局在国务院领导下，组织、协调国家地震应急工作。

中国地震局向国务院报告震情和灾情、提出地震趋势估计并抄送国务院有关部门；派出中国地震局地震现场应急工作队；向国务院建议派遣国家地震灾害紧急救援队，经批准后，组织国家地震灾害紧急救援队赴灾区；及时向国务院报告地震应急工作进展情况。

根据灾区的需求，调遣公安消防部队等灾害救援队伍和医疗救护队伍赴灾区、组织有关部门对灾区紧急支援。

当地震造成大量人员被压埋，调遣解放军和武警部队参加抢险救灾。

当地震造成两个以上省（区、市）受灾，或者地震发生在边疆地区、少数民族聚居地区并造成严重损失，国务院派出工作组前往灾区。

中国地震局对地震灾害现场的国务院有关部门工作组和各级各类救援队伍、支援队伍、保障队伍的活动进行协调。

（3）Ⅲ级响应。

在灾区所在省（区、市）人民政府的领导和支持下，由灾区所在市（地、州、盟）人民政府领导灾区的地震应急工作；中国地震局组织、协调国家地震应急工作。

第一，灾区所在市（地、州、盟）人民政府领导灾区的地震应急工作。

市（地、州、盟）人民政府了解震情和灾情，确定应急工作规模，报告省（区、市）人民政府并抄送地震局和民政厅，同时通报当地驻军领导机关；启动抗震救灾指挥部部署本行政区域内的地震应急工作。

市（地、州、盟）抗震救灾指挥部组织人员抢救和工程抢险工作；组织指挥部成员单位和非灾区对灾区进行援助。

第二，中国地震局组织、协调国家地震应急工作。

中国地震局向国务院报告震情灾情、提出地震趋势估计并抄送国务院有关部门；派出中国地震局地震现场应急工作队；适时向国务院报告地震应急工作进展情况。

当地震造成较多人员被压埋并且难以营救，派遣国家地震灾害紧急救援队；经批准后，组织国家地震灾害紧急救援队赴灾区。

视地震灾区的需求，中国地震局与有关部门协商对灾区紧急支援。

中国地震局对地震灾害现场的国务院有关部门工作组和各级各类救援队伍、支援队伍、保障队伍的活动进行协调。

（4）Ⅳ级响应。

在灾区所在省（区、市）人民政府和市（地、州、盟）人民政府的领导和支持下，由灾区所在县（市、区、旗）人民政府领导灾区的地震应急工作；中国地震局组织、协调国家地震应急工作。

第一，灾区所在县（市、区、旗）人民政府领导灾区的地震应急工作。

县（市、区、旗）人民政府了解震情和灾情，确定应急工作规模，报告市（地、州、盟）人民政府并抄送地震局和民政局；启动抗震救灾指挥部部署本行政区域内的地震应急工作。

第二，中国地震局组织、协调国家地震应急工作。

中国地震局向国务院报告震情灾情、提出地震趋势估计并抄送国务院有关部门派出中国地震局地震现场应急工作队；应急结束后，向国务院汇报地震应急工作。

中国地震局对地震灾害现场的国务院有关部门工作组的活动进行协调。

（5）紧急处置。

地震灾害现场实行政府统一领导、地震部门综合协调、各部门参与的应急救援工作体制。

现场紧急处置的主要内容是：沟通汇集并及时上报信息，包括地震破坏、人员伤亡和被压埋的情况、灾民自救互救成果、救援行动进展情况；分配救援任务、划分责任区域，协调各级各类救援队伍的行动；组织查明次生灾害危害或威胁；组织采取防御措施，必要时疏散居民；组织力量消除次生灾害后果；组织协调抢修通信、交通、供水、供电等生命线设施；估计救灾需求的构成与数量规模，组织援助物资的接收与分配；组织建筑物安全鉴定工作；组织灾害损失评估工作。各级各类救援队伍要服从现场指挥部的指挥与协调。

（6）人员抢救与工程抢险。

中国地震局协调组织地震灾害紧急救援队开展灾区搜救工作；协调国际搜救队救援；解放军和武警部队赶赴灾区，抢救被压埋人员，进行工程抢险；公安部门组织调动公安消防部队赶赴灾区，扑灭火灾和抢救被压埋人员；卫生部门组织医疗救护和卫生防疫队伍抢救伤员。

不同救援队伍之间积极妥善地处理各种救援功能的衔接与相互配合；相邻队伍之间划分责任区边界，同时关注接合部；区块内各队伍之间协商解决道路、电力、照明、有线电话、网络、水源等现场资源的共享或分配；各队伍之间保持联系，互通有无，互相支援，遇有危险时传递警报并共同防护。

（7）应急人员的安全防护。

对震损建筑物能否进入、能否破拆进行危险评估；探测泄漏危险品的种类、数量、泄漏范围、浓度，评估泄漏的危害性，采取处置措施；监视余震、火灾、爆炸、放射性污染、滑坡崩塌等次生灾害、损毁高大构筑物继续坍塌的威胁和因破拆建筑物而诱发的坍塌危险，及时向救援人员发出警告，采取防范措施。

（8）群众的安全防护。

民政部门做好灾民的转移和安置工作；当地政府具体制定群众疏散撤离的方式、程序的组织指挥方案，规定疏散撤离的范围、路线、避难场所和紧急情况下保护群众安全的必要防护措施。

（9）次生灾害的防御。

公安部门协助灾区采取有效措施防止火灾发生，处置地震次生灾害事故；水利部、国防科工、建设、信息产业、民航部门对处在灾区的易于发生次生灾害的设施采取紧急处置措施并加强监控；防止灾害扩展，减轻或消除污染危害；环保总局加强环境的监测、控制；国土资源部门会同建设、水利、交通等部门加强对地质灾害险情的动态监测；发展改革、质检、安全监管部门督导和协调灾区易于发生次生灾害的地区、行业和设施采取紧急处置。

（10）地震现场监测与分析预报。

中国地震局向震区派出地震现场工作队伍，布设或恢复地震现场测震和前兆台站，增强震区的监测能力，协调震区与邻省的监测工作，对震区地震类型、地震趋势、短临预报提出初步判定意见。

（11）社会力量动员与参与。

特别重大地震灾害事件发生后，地震灾区的各级人民政府组织各方面力量抢救人员，组织基层单位和人员开展自救和互救；灾区所在的省（区、市）人民政府动员非灾区的力量，对灾区提供救助；邻近的省（区、市）人民政府根据灾情，组织和动员社会力量，对灾区提供救助；其他省（区、市）人民政府视情况开展为灾区人民捐款捐物的活动。

重大地震灾害事件发生后，地震灾区的各级人民政府组织各方面力量抢救人员，并组织基层单位和人员开展自救和互救；灾区所在的市（地、州、盟）人民政府动员非灾区的力量，对灾区提供救助；邻近灾区的市（地、州、盟）人民政府根据灾情，组织和动员社会力量，对灾区提供救助；灾区所在的省（区、市）人民政府视情况开展为灾区人民捐款捐物的活动。

（12）地震灾害调查与灾害损失评估。

中国地震局开展地震烈度调查，确定发震构造，调查地震宏观异常现象、工程结构震害特征、地震社会影响和各种地震地质灾害等。

中国地震局负责会同国务院有关部门，在地方各级政府的配合下，共同开展地震灾害损失评估。

（13）信息发布。

信息发布要坚持实事求是、及时准确的工作原则，中国地震局、民政部按照《国家突发公共事件新闻发布应急预案》和本部门职责做好信息发布工作。

（14）应急结束。

应急结束的条件是：地震灾害事件的紧急处置工作完成；地震引发的次生灾害的后果

基本消除；经过震情趋势判断，近期无发生较大地震的可能；灾区基本恢复正常社会秩序。达到上述条件，由宣布灾区进入震后应急期的原机关宣布灾区震后应急期结束。有关紧急应急措施的解除，由原决定机关宣布。

（三）后期处置

1. 善后处置

因救灾需要临时征用的房屋、运输工具、通信设备等应当及时归还；造成损坏或者无法归还的，按照国家及国务院有关规定给予适当补偿或者作其他处理。

2. 民间社会救助

民政部门负责接收并安排社会各界的捐赠。

民间救助活动的内容包括：为灾区募集运送救灾物资（食品、药物、设备）；为赈灾募集资金；组织志愿者前往灾区进行抢险救助；在医院、安置区或需要的地方做义工、志愿者；协助基层运送分发救灾物资；到灾区调查并及时反馈灾区需求信息；自筹救灾物资并运送发放，或就地采购物资分发给灾民；为其他 NGO（Non-Governmental Organizations，非政府组织）及志愿者组织、个人开展救援服务提供协助；为 NGO 提供救灾物资仓储中心，协助 NGO 组织转运物资；收集和发布各种民间救助的信息；在医院、安置区协助政府有关部门进行志愿者管理；在后方召开各种相关的研讨会等。

以公益组织为主推动的民间救助显示出以下特点：

（1）公民意识，既包括权利意识、法律意识等法治理念，也包括平等意识、责任意识、参与意识等公平正义理念。这些理念构成社会主义国家公民应该具有的“公民意识”。公民意识在抗震救灾这样的重大社会事件中凸显，是我国社会发展中的新现象。以社会发展推动中国公民社会成长是中国民间公益组织的共同特征。

（2）需求导向，相对于政府救助中的任务导向，民间公益组织的救助活动更具有需求导向的组织特性，更注重来自灾区群众的实际需求，并以此来确定自己的工作目标。

（3）参与式方法，强调利益相关方的共同参与，强调尊重参与者，强调沟通、协商、合作；并辅之一整套开放性的操作工具，能够有效地使参与者在短时间内形成项目团队，认同项目目标、共同完成工作任务、各尽其能、各得其所、并强调项目的可持续性。这种方法特别适用于灾后的农村社区重建，通过民间公益组织的介入和支持，组织居民参与社区的规划、预算、建设和管理，将有助于地震灾后恢复建设。

3. 保险赔付

地震发生后保险监管机构依法做好灾区有关保险理赔和给付的监管。由保监会有关部门和地震灾区保监局，中国保险行业协会以及主要保险公司有关负责人组成地震灾害保险理赔工作小组，积极开展保险理赔、救灾工作。充分发挥保险在防范风险方面的作用，尽快赔付属于保险公司的责任；充分发挥保险的社会管理功能，在灾民安置和灾后重建过程中成为各级党政部门的重要助手；充分发挥保险经济助推器作用，创新保险产品和工具，探索保险资金参与重建的方式和途径，在灾后重建过程中发挥保险的独特作用。

4. 调查和总结

由地震局系统负责对地震灾害事件进行调查，总结地震应急响应工作并提出改进建议，及时上报。同时受灾地区人民政府还应组织专业机构对地震造成损失与影响进行调查摸底、统计和总结，并及时上报。主要内容应包括：人员伤亡情况，房屋破坏程度和数量，基础设施、公共服务设施、工农业生产设施与商贸流通设施受损程度和数量，农用地毁损程度和数量；需要安置人口的数量，需要救助的伤残人员数量，需要帮助的孤寡老人及未成年人的数量，需要提供的房屋数量，需要恢复重建的基础设施和公共服务设施，需要恢复重建的生产设施，需要整理和复垦的农用地等；环境污染、生态损害以及自然和历史文化遗产毁损等情况；资源环境承载能力以及地质灾害、地震次生灾害和隐患等情况；水文地质、工程地质、环境地质、地形地貌以及河势和水文情势、重大水利水电工程的受影响情况；地震引发卫生事件及其隐患等。这些工作对灾后恢复和重建具有极其重要的作用。

四、加强地震应急管理的对策

（一）政府应加强法治建设

我国政府要建立健全防震减灾法律法规体系，修订《中华人民共和国防震减灾法》，继续推进防震减灾技术标准的制定，稳步推进计量工作，定期编制全国与区域地震区划图等标准，适时修订相对应的国家和地方标准，研究完善建设工程抗震设防的技术标准和设计规范，进一步将防震减灾纳入法治化管理的轨道。加强防震减灾发展战略和公共政策的研究与制定。同时建立有效的防震减灾行政执法管理和监督体制，规范社会的防震减灾活动，依法开展防震减灾工作。

（二）政府应健全防震减灾管理体制

健全与完善国家和地方政府防震减灾管理体制，推进市县地震工作机构建设，发挥市县地震工作机构在防震减灾中的作用。建立和完善群众参与、专家咨询评估和集体决策相结合的决策机制，健全决策规则，规范决策程序。

建立健全突发地震事件应急机制和社会动员机制，提高公共安全保障和突发事件处置能力。逐步建立电力、煤气、给排水、通信和交通等部门的防灾机制，有效应对灾害，减轻灾害损失。积极推进适合我国国情的地震保险制度建设，发挥企业、非营利组织在防震减灾中的作用。

（三）建立多渠道地震应急资金投入机制

将防震减灾事业纳入中央和地方同级国民经济和社会发展规划，保障防震减灾事业公益性基础地位，各级政府应加大对防震减灾事业的投入力度，纳入各级财政预算，建立以财政投入为主体，社会捐赠和地震保险相结合的多渠道投入机制，使全社会防震减灾工作的投入水平与经济社会发展水平相适应。

地方各级人民政府应积极推进国家防震减灾目标和各项任务的落实，并根据本行政区域经济和社会发展的情况、对防震减灾的实际需求，编制本级防震减灾规划，制订和实施防震减灾专项计划，提高专项投入，确保专款专用。

（四）提高科技支撑能力保障

增强地震科学基础研究的创新能力，改善地震科学研究的软硬件设施，构建结构合理的科技人才队伍，保障地震科技的可持续发展。通过加强防震减灾重大科技问题的基础研究和关键技术攻关研究、防震减灾基础性工作和科技条件平台建设，全面提高防震减灾科技支撑能力。

加强与各科研机构、高校等组织的协作与联合，瞄准国际防震减灾科技的前沿问题，以重大科学问题的解决带动相关学科的发展，有重点地提升我国防震减灾科技领域攻克世界性难题的协同作战能力，推进科技成果产业化。

加强国际合作与交流，共同制订重大基础科学研究计划，参与、组织制订和实施大型国际地球科学观测研究计划，组建联合实验室。

提高科技支撑能力保障重点有两个方面：

1. 国家各级地震灾害指挥部系统建设

国家各级地震灾害指挥部系统建设主要包括：国家各级防震减灾管理信息系统，服务于应急快速响应、灾情动态跟踪、数据分析、对策生成、辅助决策、应急指挥，包括满足工作需要的计算机软硬件平台、通信平台、网络平台、控制平台等；国家各级地震应急基础数据库，包括各类基础信息的数据库及数据管理系统；地震现场信息的传输、接收处理系统；国家各级应急指挥通信与视频会议系统。

2. 预测预防和应急处置的技术研究

中国地震局各研究机构开展地震监测、地震预测、地震区划、防灾规划、应急处置技术、搜索与营救等方面的研究；中国建筑设计研究院等有关研究机构负责建筑物抗震技术研究；各级地震灾害应急指挥部办公室负责传达应用上级地震部门的应急处置技术方面的科技成果；开展地震造成的间接经济损失的评估方法研究；各级地震灾害紧急救援队负责对地震灾害中被压埋人员的搜索与营救。

（五）加强地震应急专业人才队伍建设

我国要牢固树立人才是第一资源的观念。立足防震减灾工作的实际需要，整体规划、统筹协调，善待现有人才，引进急需人才，重视未来人才，调整和优化人才队伍结构，实现地震应急专业人才队伍的协调发展。

我国要建立良好的人才引进、培养、使用、流动和评价机制，从政策和制度上保障专业人才的发展。改善队伍总体结构，提高综合素质，努力建设一支高素质的防震减灾专业队伍，形成不同层次并满足不同需求的人才梯队，为防震减灾事业发展提供充足的人才保证和广泛的智力支持。

（六）宣传、培训和演习

1. 公众宣传教育

（1）建立防震减灾宣传教育的协调机制。国家各级地震、科技、文化、出版、广播电视、新闻等相关部门要加强协作，开展防震救灾科学知识的普及和宣传教育工作，加强对公众的防震减灾科学知识的普及和宣传教育工作，促进全社会防震减灾意识的提高。

（2）向社会发布重点监视防御区和重点危险区判定信息。国家各级地震灾害指挥部办公室在加强防震减灾宣传教育、切实提高公众减灾意识的心理承受能力的基础上，遵照法定程序，逐步把地震重点监视防御区和地震重点危险区的判定信息向社会发布，动员相关地区的社会公众积极参与防震减灾工作。

（3）向社会公布地震应急预案并加强学习演练。各级政府应尽最大可能公布地震应急预案信息，宣传和解释地震应急预案以及相关的地震应急法律法规，增强社会公众的地震应急意识，提高民众的自防、自救、互救能力。

2. 培训

各级政府要定期组织各级应急管理救援人员和志愿者进行业务知识及技能的培训。

3. 演习

各级政府和各部门、行业、单位要按照预案要求，协调整合各种应急救援资源，根据各自的实际情况开展不同形式和规模的地震应急演习。

第四节　气象灾害的应急管理

由大气作用对人类生命财产、国民经济建设等所造成的损害，称为气象灾害。随着社会经济的快速发展，气象变化所导致的极端气象灾害事件出现的频率与强度明显上升，直接威胁到人类社会的发展。气象灾害给生态、环境、社会、经济等方面都带来诸多问题，尤其重大气象灾害可能带来灾难性后果，是一种具有紧急性和社会性的危机。要做好气象灾害应急管理，首先需要认清气象灾害的类型及特征，采取针对性的防御对策，才能减轻气象灾害损失。

一、气象灾害的类别

气象灾害是指由于气象条件变化而对人类生命、生产资料、生态环境等造成的灾害。气象灾害的形成需具备两个条件：致灾条件（天气气候条件的激烈变化）和受灾体的承受能力。

天气气候复杂，类型很多，从其性质而言，通常可根据气象异常的主要因素，分为冷热、干湿、大风、低能见度等各种灾害。而根据天气系统的不同，常常把气象灾害分为台风、寒潮、龙卷风等各种灾害。由于不同天气系统可以引起多种气象要素的异常，故这两种分类之间存在着一定的联系。根据气象灾害的成因、气候特征、所引发的危害等情况进行分类，可划分成不同灾种所致的主要气象灾害种类。

（一）暴雨洪涝灾害

暴雨洪涝灾害是指长期将于而产生的大量积水以致径流淹没低地所造成的灾害，它是我国东部和南部严重的气象灾害。暴雨洪涝灾害的发生受地理位置、地形、降水量、植被、土壤等多种条件共同制约。根据历史暴雨洪涝灾害统计资料，以我国为例，暴雨洪涝灾害的分布有明显的地域性和时间性。

1. 地域性

我国暴雨洪涝最严重的地区主要有：东部沿海地区，湘赣地区，淮河地区；次多暴雨洪涝区主要有：长江中下游地区，南岭、武夷山地区，海河和黄河下游地区，四川盆地；暴雨洪涝最少的地区是西北、内蒙古和青藏高原，次少地区为黄土高原、云贵高原和东北地区。

概括而言，我国暴雨洪涝灾害分布总特点是：东部多、西部少；沿海多、内陆少；平原湖区多、高原山地少；山脉东南坡多、西北坡少。

2. 时间性

暴雨洪涝灾害的时间分布也有韵律性，我国暴雨洪涝灾害时间分布的特点是：南部早、北部晚。

（二）干旱缺水灾害

干旱缺水灾害是指由于长期无降水或少降水而造成的水源短缺的灾害。

干旱在我国是影响面最广、最为严重的气象灾害。干旱在我国分布虽最为广泛，但各地受旱程度不一。

（三）热害主要是以高温、热浪为表现形式的气象灾害

近些年，由于现代城市高楼林立、道路纵横、植被减少，使地面接收的太阳辐射能量和大气反射回近地层的热量集聚增加，再加上工业生产、民用燃料、机动车排放的二氧化碳等温室气体剧增，温室效应使气候增温加剧。

热害对人类最直接的危害就是极易造成人们中暑等疾病的增加，其间接危害一方面体现在持续高温的天气造成人们大量使用制冷设备，城市供水供电系统长时间超负荷用电，使断水断电事故发生的概率增加；另一方面，持续的高温加剧蒸发量，使地下水位迅速下降，水库蓄水显著减少，加剧旱情。

（四）寒潮与冷冻灾害

在特定的天气形势下，积聚在高纬度地区的强冷空气迅速南下，造成大范围区域的剧烈降温，并伴有大风、雨雪、冻害等现象，这类大气过程称为寒潮或强冷空气，由此所引发的灾害称为寒潮与冷冻灾害。

从我国寒潮和强冷空气出现的次数来看，东北最多，次为华北，再次为西北和长江流域，华南地区最少。

根据历史寒潮灾害统计资料，以我国为例，寒潮灾害一年四季均会发生：

南方春季低温连阴雨是造成早稻烂秧的主要灾害性天气，又称倒春寒。

夏季低温是东北地区农业生产的主要灾害性天气，例如，1976年的东北全区性严重低温冷夏使东北粮豆总产减产达475万吨以上。

寒露风是秋季我国南方的主要灾害性天气。

霜冻也是一种低温灾害。

（五）雷电灾害也严重威胁人类生命财产安全

由于热岛强度的增大，对流性天气增多，雷暴日数随之增多，造成的经济损失也呈增大趋势。雷电灾害直接影响着通信、供电、航空以及诸多古建筑的安全。而且尤其现代城市的运转对信息技术的依赖性越来越大，一次强雷电的电磁波感应极有可能造成计算机和网络通信系统瘫痪，损失巨大。

（六）大风灾害

大风是快速流动的空气，我国气象观测业务中规定瞬时风速达到或超过8级时（17m/s）称为大风，而在天气业务规范中则规定平均风速大于等于6级（10. 8m/s）时为大风。大风灾害通常是一种突发性的灾害，往往在很短时间内就会对人类的生产生活造成较大伤害。

（七）冰雹灾害

我国是世界上冰雹灾害最为严重的国家之一，每年因冰雹所造成的经济损失约为几亿元到十几亿元人民币。我国冰雹灾害区主要在云、贵、甘、宁、陕、豫、晋、内蒙古以及江苏北部等区域。冰雹的分布大体是沿山系伸展，最多的地区是青藏高原，其次为大兴安岭至阴山、太行山一带。另外，天山、长白山、祁连山、云贵高原也是冰雹较多的地区。

（八）雾、霾灾害

雾与霾是两种不同的天气现象：雾是大量小水滴或冰晶浮游在近地面空气层中，致使能见度减小到一定程度的天气现象；而霾是由悬浮在大气中的大量微小尘粒、烟粒或盐粒等颗粒物在低层大气的稳定层下部累积所形成的集合体，霾的出现表明大气已受到污染。雾与霾的共同点都是引起视程障碍的天气现象，由于这种影响能见度而致的灾害称为雾、霾灾害。

工业化的发展使城市空气中的悬浮颗粒增多、气溶胶粒子等增加、水汽的浓度加大，导致形成大雾天气的条件增多。大雾给城市交通、航空运输、供电线路等带来直接影响，同时对人体健康也会造成不利影响。由于空气湿度大，浓雾中含有较多的污染物质，结露在输变电设备的表层，致使设备绝缘能力迅速下降，有时会出现线路闪络、微机失控、开关跳闸，从而发生停电、断电故障，造成严重经济损失和政治影响。大雾还可能会影响微波及卫星通信，使其信号锐减、杂音增大、通信质量下降。

二、气象灾害的特点

气象灾害是大气中能量不均衡引发能量转移导致的，是近地面大气运动作用与下垫面上的人类社会经济活动的产物。气象灾害造成人员伤亡、农业减产、交通通信设施破坏，不但带来巨大的直接经济损失，还间接给人们社会生活造成广泛的不利影响。

气象灾害与其他自然灾害一样，都是自然界与人类社会经济系统相互作用的产物，是自然因素与社会因素共同作用的结果。因此，气象灾害的基本特征常常是自然属性和社会经济属性的综合表现。气象灾害除了具有发生频次多、危险性、紧迫性、长期性、灾难性等灾害的一般特征外，还具有如下特点：

危害范围广：危害对象广泛、危害发生的空间广、气象灾害波及的范围广。

地域性强：干旱灾害，干旱灾害全国各地都有发生，但是发生的时间和特点不同；洪涝灾害，以东南沿海及江淮地区发生频次多；霜冻和冻害，主要发生在东北、华北和黄土高原地区；云贵高原地区晚霜冻危害也比较严重；长江中下游地区冬季冻害发生频次多，危害较重；低温冷害，主要发生在江南双季稻地区；东北地区常发生夏季低温灾害；西南云贵高原地区有时会发生“八月寒”害，危害也较重；严重风雹灾害多发生在平原、谷川地区，一般山区冰雹天气虽频繁，但成灾率低。

此外，气象灾害还具有持续时间长、群发性、连锁性等特点。

三、气象灾害应急工作的运行机制

根据《国家气象灾害应急预案》和各地方气象灾害应急预案，我国气象灾害应急工作的运行机制为“政府主导、部门联动、社会参与”，包括预防准备、监测预警、处置救援和恢复重建四个方面。随着应急管理部的组建，气象灾害应急管理机制在不断地改革和完善。

（一）预防准备

第一，监测预报体系建设。各有关部门按照职责分工加快新一代天气雷达系统、气象卫星工程、水文监测预报等建设，优化加密观测网站，完善国家与地方监测网络，提高对气象灾害及其次生、衍生灾害的综合监测能力。建立和完善气象灾害预测预报体系，加强对灾害性天气事件的会商分析，做好灾害性、关键性、转折性重大天气预报和趋势预测。

第二，灾害普查。气象部门建立以社区、村镇为基础的气象灾害调查收集网络，组织气象灾害普查、风险评估和风险区划工作，编制气象灾害防御规划。

第三，预警知识宣传教育。地方各级人民政府和相关部门做好预警信息的宣传教育工作，普及防灾减灾知识，增强社会公众的防灾减灾意识，提高自救、互救能力。

第四，应急保障。以公用通信网为主体，建立跨部门、跨地区的气象灾害应急通信保障系统。灾区通信管理部门应及时采取措施恢复遭破坏的通信线路和设施，确保灾区通信畅通。交通运输、铁路、民航部门应当完善抢险救灾、灾区群众安全转移所需车辆、火车、船舶、飞机的调配方案，确保抢险救灾物资的运输畅通。工业和信息化部门应会同相关部门做好抢险救灾需要的救援装备、医药和防护用品等重要工业品保障方案。民政部门加强生活类救灾物资储备，完善应急采购、调运机制。公安部门保障道路交通安全畅通，做好灾区治安管理和救助、服务群众等工作。农业部门做好救灾备荒种子储备、调运工作，会同相关部门做好农业救灾物资、生产资料的储备、调剂和调运工作。地方各级人民政府及其防灾减灾部门应按规范储备重大气象灾害抢险物资，并做好生产流程和生产能力储备的有关工作。

（二）监测预警

1. 监测预报

气象部门及时发布气象灾害监测预报信息，并与公安、民政、环保、国土资源、交通运输、铁道、水利、农业、卫生、安全监管、林业、电力监管、海洋等相关部门建立相应的气象及气象次生、衍生灾害监测预报预警联动机制，实现相关灾情、险情等信息的实时共享。

2. 预警信息发布

气象灾害预警信息发布遵循“归口管理、统一发布、快速传播”原则。气象灾害预警信息由气象部门负责制作并按预警级别分级发布。气象部门根据对各类气象灾害的发展态势，综合预评估分析确定预警级别。预警级别分为Ⅰ级（特别重大）、Ⅱ级（重大）、Ⅲ级（较大）、Ⅳ级（一般），分别用红、橙、黄、蓝4种颜色标示，Ⅰ级为最高级别，具体分级标准见《国家气象灾害应急预案》附则。气象灾害预警信息内容包括气象灾害的类别、预警级别、起始时间、可能影响范围、警示事项、应采取的措施和发布机关等。

3. 预警行动

各地区、各部门要认真研究气象灾害预报预警信息，密切关注天气变发展趋势，有关责任人员应立即上岗到位，组织力量深入分析、评估可能造成的影响和危害，尤其是对本地区、本部门风险隐患的影响情况，有针对性地提出预防和控制措施，落实抢险队伍和物资，做好启动应急响应的各项准备工作。根据事态发展，经研判不再造成灾害影响时，按照“谁发布、谁解除”的原则，由预警信息发布单位宣布解除预警，适时终止相关措施。

（三）处置救援

1. 信息报告

有关部门按职责收集和提供气象灾害发生、发展、损失以及防御等情况，及时向当地人民政府或相应的应急指挥机构报告。各地区、各部门要按照有关规定逐级向上报告，特别重大、重大突发事件信息，要向国务院报告。

2. 响应启动

按气象灾害程度和范围，及其引发的次生、衍生灾害类别，有关部门按照其职责和预案启动响应。当同时发生 2 种以上气象灾害且分别发布不同预警级别时，按照最高预警级别灾种启动应急响应。当同时发生 2 种以上气象灾害且均没有达到预警标准，但可能或已经造成损失和影响时，根据不同程度的损失和影响在综合评估基础上启动相应级别的应急响应。

3. 分灾种响应

当启动应急响应后，各有关部门和单位要加强值班，密切监视灾情，针对不同气象灾害种类及其影响程度，采取应急响应措施和行动。新闻媒体按要求随时播报气象灾害预警信息及应急处置相关措施。

（1）台风、大风。气象部门加强监测预报，及时发布台风、大风预警信号及相关防御指引，适时加大预报时段密度。海洋部门密切关注管辖海域风暴潮和海浪发生发展动态，及时发布预警信息。防汛部门根据风灾风险评估结果和预报的风力情况，与地方人民政府共同做好危险地带和防风能力不足的危房内居民的转移，安排其到安全避风场所避风。民政部门负责受灾群众的紧急转移安置并提供基本生活救助。住房城乡建设部门采取措施，巡查、加固城市公共服务设施，督促有关单位加固门窗、围板、棚架、临时建筑物等，必要时可强行拆除存在安全隐患的露天广告牌等设施。交通运输、农业部门督促指导港口、码头加固有关设施，督促所有船舶到安全场所避风，防止船只走锚造成碰撞和搁浅；督促运营单位暂停运营、妥善安置滞留旅客。教育部门根据防御指引、提示，通知幼儿园、托儿所、中小学和中等职业学校做好停课准备；避免在突发大风时段上学放学。住房城乡建设、交通运输等部门通知高空、水上等户外作业单位做好防风准备，必要时采取停止作业措施，安排人员到安全避风场所避风。相关应急处置部门和抢险单位随时准备启动抢险应急方案。灾害发生后，民政、防汛、气象等部门按照有关规定进行灾情调查、收集、分析和评估工作。

（2）暴雨。气象部门加强监测预报，及时发布暴雨预警信号及相关防御指引，适时加大预报时段密度。防汛部门进入相应应急响应状态，组织开展洪水调度、堤防水库工程巡护查险、防汛抢险及灾害救助工作；会同地方人民政府组织转移危险地带以及居住在危房内的居民到安全场所避险。民政部门负责受灾群众的紧急转移安置并提供基本生活救助。教育部门根据防御指引、提示，通知幼儿园、托儿所、中小学和中等职业学校做好停课准备。电力部门加强电力设施检查和电网运营监控，及时排除危险、排查故障。公安、交通运输部门对积水地区实行交通引导或管制。民航部门做好重要设施设备防洪防渍工作。农业部门针对农业生产做好监测预警、落实防御措施，组织抗灾救灾和灾后恢复生产。施工单位必要时暂停在空旷地方的户外作业。相关应急处置部门和抢险单位随时准备启动抢险应急方案。灾害发生后，民政、防汛、气象等部门按照有关规定进行灾情调查、收集、分析和评估工作。

（3）暴雪、低温、冰冻。气象部门加强监测预报，及时发布低温、雪灾、道路结冰等预警信号及相关防御指引，适时加大预报时段密度。海洋部门密切关注渤海、黄海的海冰发生发展动态，及时发布海冰灾害预警信息。公安部门加强交通秩序维护，注意指挥、疏导行驶车辆；必要时，关闭易发生交通事故的结冰路段。电力部门注意电力调配及相关措施落实，加强电力设备巡查、养护，及时排查电力故障；做好电力设施设备覆冰应急处置工作。交通运输部门提醒做好车辆防冻措施，提醒高速公路、高架道路车辆减速；会同有关部门根据积雪情况，及时组织力量或采取措施做好道路清扫和积雪融化工作。民航部门做好机场除冰扫雪，航空器除冰，保障运行安全，做好运行计划调整和旅客安抚、安置工作，必要时关闭机场。住房城乡建设、水利等部门做好供水系统等防冻措施。卫生部门采取措施保障医疗卫生服务正常开展，并组织做好伤员医疗救治和卫生防病工作。住房城乡建设部门加强危房检查，会同有关部门及时动员或组织撤离可能因雪压倒塌的房屋内的人员。民政部门负责受灾群众的紧急转移安置，并为受灾群众和公路、铁路等滞留人员提供基本生活救助。农业部门组织对农作物、畜牧业、水产养殖业采取必要的防护措施。相关应急处置部门和抢险单位随时准备启动抢险应急方案。灾害发生后，民政、气象等部门按照有关规定进行灾情调查、收集、分析和评估工作。

（4）寒潮。气象部门加强监测预报，及时发布寒潮预警信号及相关防御指引，适时加大预报时段密度；了解寒潮影响，进行综合分析和评估工作。海洋部门密切关注管辖海域风暴潮、海浪和海冰发生发展动态，及时发布预警信息。民政部门采取防寒救助措施，开放避寒场所；实施应急防寒保障，特别对贫困户、流浪人员等应采取紧急防寒防冻应对措施。住房城乡建设、林业等部门对树木、花卉等采取防寒措施。农业、林业部门指导果农、菜农和畜牧水产养殖户采取一定的防寒和防风措施，做好牲畜、家禽和水生动物的防寒保暖工作。卫生部门采取措施，加强低温寒潮相关疾病防御知识宣传教育，并组织做好医疗救治工作。交通运输部门采取措施，提醒海上作业的船舶和人员做好防御工作，加强海上船舶航行安全监管。相关应急处置部门和抢险单位随时准备启动抢险应急方案。

（5）沙尘暴。气象部门加强监测预报，及时发布沙尘暴预警信号及相关防御指引，适时加大预报时段密度；了解沙尘影响，进行综合分析和评估工作。农业部门指导农牧业生产自救，采取应急措施帮助受沙尘影响的灾区恢复农牧业生产。环境保护部门加强对沙尘暴发生时大气环境质量状况监测，为灾害应急提供服务。交通运输、民航、铁道部门采取应急措施，保证沙尘暴天气状况下的运输安全。民政部门采取应急措施，做好救灾人员和物资准备。相关应急处置部门和抢险单位随时准备启动抢险应急方案。

（6）高温。气象部门加强监测预报，及时发布高温预警信号及相关防御指引，适时加大预报时段密度；了解高温影响，进行综合分析和评估工作。电力部门注意高温期间的电力调配及相关措施落实，保证居民和重要电力用户用电，根据高温期间电力安全生产情况和电力供需情况，制订拉闸限电方案，必要时依据方案执行拉闸限电措施；加强电力设备巡查、养护，及时排查电力故障。住房城乡建设、水利等部门做好用水安排，协调上游水源，保证群众生活生产用水。建筑、户外施工单位做好户外和高温作业人员的防暑工作，必要时调整作息时间，或采取停止作业措施。公安部门做好交通安全管理，提醒车辆减速，防止因高温产生爆胎等事故。卫生部门采取积极应对措施，应对可能出现的高温中暑事件。农业、林业部门指导紧急预防高温对农、林、畜牧、水产养殖业的影响。相关应急处置部门和抢险单位随时准备启动抢险应急方案。

（7）干旱。气象部门加强监测预报，及时发布干旱预警信号及相关防御指引，适时加大预报时段密度；了解干旱影响，进行综合分析；适时组织人工影响天气作业，减轻干旱影响。农业、林业部门指导农牧户、林业生产单位采取管理和技术措施，减轻干旱影响；加强监控，做好森林草原火灾预防和扑救准备工作。水利部门加强旱情、墒情监测分析，合理调度水源，组织实施抗旱减灾等方面的工作。卫生部门采取措施，防范和应对旱灾导致的食品和饮用水卫生安全问题所引发的突发公共卫生事件。民政部门采取应急措施，做好救灾人员和物资准备，并负责因旱缺水缺粮群众的基本生活救助。相关应急处置部门和抢险单位随时准备启动抢险应急方案。

（8）雷电、冰雹。气象部门加强监测预报，及时发布雷雨大风、冰雹预警信号及相关防御指引，适时加大预报时段密度；灾害发生后，有关防雷技术人员及时赶赴现场，做好雷击灾情的应急处置、分析评估工作，并为其他部门处置雷电灾害提供技术指导。住房城乡建设部门提醒、督促施工单位必要时暂停户外作业。电力部门加强电力设施检查和电网运营监控，及时排除危险、排查故障。民航部门做好雷电防护，保障运行安全，做好运行计划调整和旅客安抚安置工作。农业部门针对农业生产做好监测预警、落实防御措施，组织抗灾救灾和灾后恢复生产。各单位加强本责任范围内检查，停止集体露天活动；居民委员会、村镇、小区、物业等部门提醒居民尽量减少户外活动和采取适当防护措施，减少使用电器。相关应急处置部门和抢险单位随时准备启动抢险应急方案。

（9）大雾、霾。气象部门加强监测预报，及时发布大雾和霾预警信号及相关防御指引，适时加大预报时段密度；了解大雾、霾的影响，进行综合分析和评估工作。电力部门加强电网运营监控，采取措施尽量避免发生设备污闪故障，及时消除和减轻因设备污闪造成的影响。公安部门加强对车辆的指挥和疏导，维持道路交通秩序。交通运输部门及时发布雾航安全通知，加强海上船舶航行安全监管。民航部门做好运行安全保障、运行计划调整和旅客安抚安置工作。相关应急处置部门和抢险单位随时准备启动抢险应急方案。

4. 现场处置

气象灾害现场应急处置由灾害发生地人民政府或相应应急指挥机构统一组织，各部门依职责参与应急处置工作。包括组织营救、伤员救治、疏散撤离和妥善安置受到威胁的人员，及时上报灾情和人员伤亡情况，分配救援任务，协调各级各类救援队伍的行动，查明并及时组织力量消除次生、衍生灾害，组织公共设施的抢修和援助物资的接收与分配。

5. 社会力量动员与参与

气象灾害事发地的各级人民政府或应急指挥机构可根据气象灾害事件的性质、危害程度和范围，广泛调动社会力量积极参与气象灾害突发事件的处置，紧急情况下可依法征用、调用车辆、物资、人员等。气象灾害事件发生后，灾区的各级人民政府或相应应急指挥机构组织各方面力量抢救人员，组织基层单位和人员开展自救和互救；邻近的省（区、市）、市（地、州、盟）人民政府根据灾情组织和动员社会力量，对灾区提供救助。鼓励自然人、法人或者其他组织（包括国际组织）按照《中华人民共和国公益事业捐赠法》

等有关法律法规的规定进行捐赠和援助。审计监察部门对捐赠资金与物资的使用情况进行审计和监督。

6. 信息公布

气象灾害的信息公布应当及时、准确、客观、全面，灾情公布由有关部门按规定办理。信息公布形式主要包括权威发布、提供新闻稿、组织报道、接受记者采访、举行新闻发布会等。信息公布内容主要包括气象灾害种类及其次生、衍生灾害的监测和预警，因灾伤亡人员、经济损失、救援情况等。

7. 应急终止或解除

气象灾害得到有效处置后，经评估，短期内灾害影响不再扩大或已减轻，气象部门发布灾害预警降低或解除信息，启动应急响应的机构或部门降低应急响应级别或终止响应。

国家应急指挥机制终止响应须经国务院同意。

（四）恢复重建

第一，制订规划和组织实施。受灾地区县级以上人民政府组织有关部门制订恢复重建计划，尽快组织修复被破坏的学校、医院等公益设施及交通运输、水利、电力、通信、供排水、供气、输油、广播电视等基础设施，使受灾地区早日恢复正常的生产生活秩序。发生特别重大灾害，超出事发地人民政府恢复重建能力的，为支持和帮助受灾地区积极开展生产自救、重建家园，国家制订恢复重建规划，出台相关扶持优惠政策，中央财政给予支持；同时，依据支援方经济能力和受援方灾害程度，建立地区之间对口支援机制，为受灾地区提供人力、物力、财力、智力等各种形式的支援。积极鼓励和引导社会各方面力量参与灾后恢复重建工作。

第二，调查评估。灾害发生地人民政府或应急指挥机构应当组织有关部门对气象灾害造成的损失及气象灾害的起因、性质、影响等问题进行调查、评估与总结，分析气象灾害应对处置工作经验教训，提出改进措施。灾情核定由各级民政部门会同有关部门开展。灾害结束后，灾害发生地人民政府或应急指挥机构应将调查评估结果与应急工作情况报送上级人民政府。特别重大灾害的调查评估结果与应急工作情况应逐级报至国务院。

第三，征用补偿。气象灾害应急工作结束后，县级以上人民政府应及时归还因救灾需要临时征用的房屋、运输工具、通信设备等；造成损坏或无法归还的，应按有关规定采取适当方式给予补偿或做其他处理。

第四，灾害保险。鼓励公民积极参加气象灾害事故保险。保险机构应当根据灾情，主动办理受灾人员和财产的保险理赔事项。保险监管机构依法做好灾区有关保险理赔和给付的监管。

四、气象灾害的防御对策

气象灾害的防御工作任重而道远，需要采取广泛有效的应对措施。

第一，积极应对全球气候变化。不断调整经济结构、优化能源结构、提高能源效率、增加森林碳汇，有效控制温室气体排放，延缓全球变暖的趋势，从而削弱衍生气象灾害或极端气候现象的频率、强度和影响。深化国际交流与合作，同国际社会一道积极应对全球气候变化。

第二，提高城乡基础设施适应能力。城乡建设规划要充分考虑气候变化影响，新城选址、城区扩建、乡镇建设要进行气候变化风险评估；积极应对热岛效应和城市内涝，修订和完善城市防洪治涝标准，合理布局城市建筑、公共设施、道路、绿地、水体等功能区；加强雨洪资源化利用设施建设；加强供电、供热、供水、排水、燃气、通信等城市生命线系统建设，保障设施在极端天气气候条件下平稳安全运行。

第三，加强气象科技创新工作。加强对我国气象灾害的科技攻关，在数值模式、综合观测、预报预测等重要领域的关键核心技术基本实现自主可控。加强重大天气气候机理、下一代数值预报模式、第二代再分析系统、气象观测装备技术、气象卫星遥感应用、新一代信息技术的气象融合应用、气象服务数字化智能化等的研究，加快科技成果在气象灾害防御工作中的应用。

第四，建立完善组织体系。强化气象灾害预警服务部际联席会议制度的综合协调职能。建立形成各地政府统一领导、综合协调，相关部门各负其责、有效联动的气象防灾减灾组织体系。强化各级政府在气象防灾减灾的组织管理协调、发展规划制定、政策法规建设、公共财政投入、基础设施建设和减灾队伍建设中的作用，切实将气象防灾减灾纳入地方发展规划、政府绩效考核和公共财政预算之中，建立具有地方编制的气象防灾减灾机构。建立完善气象防灾减灾绩效考核、督察督办和责任追究制度，引导各级气象防灾减灾机构和队伍充分发挥其职能和作用。

第五，建立完善灾害风险管理体系。加强监测预报，实现精细预报到乡（镇）、自动观测到乡（镇）。加强预警发布，实现预警信息发布入户、防灾提示到人，充分调动社会力量和资源共同解决预警信息传播“最后一公里”问题。大力运用电视、手机短信、网络、电话等信息传播手段，不断扩大气象预警信息覆盖面。加强风险评估，实现风险调查到村（社区）、规避风险到人。开展全国气象灾害风险与减灾能力调查，研究气象灾害风险评估方法和临界致灾条件，开展气象灾害风险区划、风险评估，强化重大工程建设和区域经济开发等项目的气候可行性论证，不断提高气象灾害评估水平。建立气象灾害风险转移机制，发展天气指数保险，合理利用社会资源和市场机制减轻气象灾害损失。强化各级政府的气象防灾减灾责任意识，提高各级领导干部的灾害风险管理和应急管理水平。加强科普宣传，提升社会公众气象防灾减灾和应对气候变化的意识和能力。

第六，建立完善运行机制。充分发挥各方面的积极性，打破过去封闭的部门行政管理模式，构建部际联席会议制度、信息资源共享机制和应急响应联动机制，实现信息互通、资源共享、协调配合、高效联动。增强公众防灾减灾意识和提高避灾自救能力，推动社会各界积极参与灾害管理，引导全社会广泛参与气象防灾减灾工作，切实改变气象灾害防御中强政府、弱社会的局面。

第七，建立完善法规体系。积极推进分灾种的气象灾害防御条例、气象灾害风险评估管理办法等相关法律法规出台。加强各级各类气象灾害应急预案的制（修）订工作，不断提高预案的科学性和可行性；加强气象灾害预报预警、应急管理、风险管理的标准制（修）订工作，提高防灾减灾工作的规范化和标准化水平。

第八，加强保障能力建设。培养高素质的气象防灾减灾专业人才，多渠道发展气象灾害防御队伍。加强基层气象防灾减灾志愿者和乡镇、社区、乡村气象信息员队伍建设。充分发挥市场机制的作用，按照“谁受益，谁投入”的原则，大力建设专业气象灾害监测预警系统。充分发挥气象灾害保险和再保险在气象防灾减灾工作中的作用，以及金融保险行业对气象灾害受灾单位和群众的救助、损失转移作用。

第五节　水旱灾害的应急管理

一、水旱灾害应急管理的基本情况

（一）水旱灾害的含义及特点

水旱灾害包括江河洪水灾害、渍涝灾害、山洪灾害、台风暴潮灾害、干旱灾害、供水危机以及由洪水、风暴潮、地震、恐怖活动等引发的水库垮坝、堤防决口、水闸倒塌、供水水质被侵害等次生衍生灾害。在各类自然灾害中，水旱灾害所占比重较大。水旱灾害都会造成不同程度的农作物受灾绝收或减产而形成经济损失，同时还会造成社会基础设施损毁、居民房屋倒塌、城市供水紧张、城乡人口及牲畜饮水困难等危害。

水旱灾害主要有四个特点：

1. 频率高

自公元前206年至1949年的2155年中，中国共发生较大的洪水灾害1092次，发生较大旱灾1056次，平均每两年发生一次较大水灾或严重干旱。1949年10月1日中华人民共和国成立以来，黄河、长江、淮河等7大江河也多次发生较大洪水灾害和较大范围的严重干旱。

2. 范围广

据统计，中国有2/3的国土面积可能产生各种类型、不同程度的洪水，其中大部分地区会形成洪水灾害，特别是东部和南部有占全国50%以上的人口、35%的耕地、2/3的工农业总产值地区受到洪水的严重威胁。干旱在中国分布更为广泛，绝大部分地区面临不同程度的干旱威胁，东北、西北、华北地区十年九春旱，长江以南地区有的年份伏旱严重。

3. 种类多

受自然条件的制约，中国相当一部分地区非涝即旱，旱涝交替，极有可能发生大江大河流域性大洪水，也有可能发生山洪、泥石流、滑坡和台风、冰凌等灾害。20世纪90年代以来有8年发生大洪水，平均每年有7个台风登陆中国大陆，局部洪涝灾害频繁而严重，山洪灾害往往造成人员伤亡。同时，旱灾也从传统的农业扩展到城市、工业、生态等领域，全国城市中大部分城市不同程度缺水，旱灾损失居高不下，已成为国民经济可持续发展的主要制约因素之一。

4. 损失重

我国平均不到两年就发生一次较大洪灾，每年都因洪水灾害造成一定损失。洪水灾害是我国出现概率最高，影响范围和造成损失最大的自然灾害，而且随着人口增加，社会经济发展，洪灾范围和经济损失均呈上升趋势。

我国是一个水资源贫乏的国家，旱灾是我国另一个主要的自然灾害。在干旱严重时期，农村山区人、畜饮水十分困难，部分中小城市供水紧张，停水断水现象时有发生，一些企业因缺水停产。每年的旱情都涉及20多个省、自治区、直辖市，且一年四季都有发生。干旱给工农业生产和人民群众生活造成了严重影响。

多年以来，我国水旱灾害受灾成灾面积均在10000千公顷以上。我国水旱灾害总体呈现先旱后涝、北旱南涝、旱涝急转和旱涝并发格局。部分中小河流发生超过历史纪录的特大洪水，台风登陆时间集中、强度大、次生灾害重，城市内涝和山洪、泥石流、滑坡等灾害频繁发生。北方大部出现持续性冬春连旱，东北大部和江南、华南部分省区发生严重夏伏旱。

（二）我国主要的水旱灾害及其分布

我国地处欧亚大陆东南部，东南临太平洋，西南西北深入欧亚大陆腹地，地势西北高、东南低，地理条件和气候条件十分复杂，大部分地区位于世界上著名的季风气候区，降水的时空变化很大，水旱灾害频繁。主要表现在以下四个方面：

1. 干旱

我国陆地大部分地区属亚洲季风区。东部、中部是农业干旱集中发生地区。水土资源组合的不平衡，也是造成中国大陆干旱缺水的原因。我国陆地的降水量自东南沿海向西北地区递减，东南地区降水量不少，降雨季节分配甚不均匀。

华北地区、西北地区、江淮之间、华南及云南是干旱严重发生地区。秦岭、淮河以北春旱突出，有时春夏连旱或春夏秋连旱；长江中下游地区主要是伏旱或伏秋连旱；西南地区多冬春旱；华南地区秋冬春常有旱情；西北地区和东北地区的西部常有旱情。

2. 雨涝

中国自古就是洪涝灾害严重的国家。

主要的雨涝区分布在大兴安岭—太行山—武陵山以东，这个地区又被南岭、大别山—秦岭、阴山分割为4个多发区。我国西部少雨，仅四川是雨涝多发区。

根据历史雨涝统计资料，雨涝最严重的地区主要为东南沿海地区、湘赣地区、淮河流域。如东南沿海到广西，包括台湾、海南，高强度的日暴雨量超过500毫米；辽东半岛到海河、黄海、淮河和长江中下游地区，日暴雨量400毫米以上；四川盆地，日暴雨量300毫米以上。次多雨涝区有长江中下游地区、南岭、武夷山地区、海河和黄河下游地区、四川盆地、辽河、松花江地区。全国雨涝最少的地区是西北、内蒙古和青藏高原，次为黄土高原、云贵高原和东北地区。概括而言，雨涝分布总的特点是东部多，西部少；沿海多，内陆少；平原湖区多，高原山地少；山脉东、南坡多，西、北坡少。

3. 江河洪水

高强度降水是我国洪水灾害的主要原因，少部分是由于融冰、融雪造成的。高强度、大范围、长时间的大或暴雨常常形成洪水（包括山洪）的暴发。我国东部七大江河是主要行洪区，有74万平方公里的国土面积地面处于江河洪水位以下，占全国40%的人口、35%的耕地、60%的固定资产受到洪水的威胁。

4. 山洪的形成与暴雨降水关系密切

所以我国山丘地区在暴雨比较集中的地方，受强烈暴雨侵袭，往往造成不同程度的山洪灾害。每年的6~9月为雨季，是我国大部分地区暴雨频发时间。山洪灾害也大多出现在这一时期，其中尤以7~8月最多。

从空间上看，溪河洪水大体上以大兴安岭—太行山—巫山—雪峰山一线为界。以东，主要分布于江南、华南和东南沿海的山地丘陵区及东北大、小兴安岭和辽东南山地区，面广、量多；以西，主要分布于秦巴山区、陇东、陇南部分地区、西南横断山区，川西山地丘陵一带及新疆和西藏的部分地区。

二、水旱灾害应急管理的组织指挥体系

按照《中华人民共和国防洪法》和国家及地方颁布的《抗旱防汛应急管理预案》等法律法规，我国的防汛抗旱应急管理工作实行各级人民政府行政首长负责制，统一指挥，分级分部门负责。防汛抗旱以防洪安全和城乡供水安全、粮食生产安全为首要目标，实行安全第一，常抓不懈，以防为主，防抗结合的原则。实行公众参与，军民结合专群结合，平战结合的方式，以水资源承载能力为基础，实行先生活、后生产，先地表、后地下，先节水、后调水，科学调度，优化配置，最大程度地满足城乡生活、生产、生态用水需求，坚持防汛抗旱统筹，既利用水资源又保护水资源，促进人与自然和谐相处。

国务院设立国家防汛抗旱指挥机构，县级以上地方人民政府、有关流域设立防汛抗旱指挥机构，负责本行政区域的防汛抗旱突发事件应对工作。防汛抗旱工作实行各级人民政府行政首长负责制，统一指挥，分级分部门负责。有关单位根据需要设立防汛抗旱指挥机构，负责本单位防汛抗旱突发事件应对工作。沿海个别省市根据地方特点设立了防汛防旱防风（简称“三防”）指挥机构，主要负责抵御洪水、干旱、台风等自然灾害侵袭的指挥、协调以及防洪抗旱工程建设与管理等工作。

国家防汛抗旱总指挥部（以下简称“国家防总”）负责领导、组织全国的防汛抗旱工作，其办事机构国家防总办公室设在水利部。国家防总主要职责是拟定国家防汛抗旱的政策、法规和制度等，组织制订大江大河防御洪水方案和跨省、自治区、直辖市行政区划的调水方案，及时掌握全国汛情、旱情、灾情并组织实施抗洪抢险及抗旱减灾措施，统一调控和调度全国水利、水电设施的水量，做好洪水管理工作，组织灾后处置，并做好有关协调工作。

长江、黄河、松花江、淮河等流域设立流域防汛总指挥部，负责指挥所管辖范围内的防汛抗旱工作。流域防汛总指挥部由有关省、自治区、直辖市人民政府和该江河流域管理

机构的负责人等组成，其办事机构设在流域管理机构。

有防汛抗旱任务的县级以上地方人民政府设立防汛抗旱指挥部，在上级防汛抗旱指挥机构和本级人民政府的领导下，贯彻执行国家有关防洪工作的法规、政策和同级人民政府、上级防汛抗旱指挥部的决定、指令；组织召开防洪工作应急会议，听取防汛抗旱办、民政、水利、水文、农业、气象等部门的雨情、旱情、灾情汇报，安排部署防洪抗旱救灾应急工作；统一指挥本地区防洪、抗旱工作，组织相关部门、部队按本预案规定职责对受灾地区进行抗洪救灾，并向市人民政府和上级防汛抗旱指挥部报告防汛、抗旱救灾应急工作有关情况。防汛抗旱指挥部由本级政府和有关部门、当地驻军、人民武装部等负责人组成，其办事机构设在同级水利行政主管部门。

水利部门所属的各流域管理机构、水利工程管理单位、施工单位以及水文部门等，汛期成立相应的专业防汛抗灾组织，负责本流域、本单位的防汛抗灾工作；有防洪任务的重大水利水电工程、有防洪任务的大中型企业根据需要成立防汛指挥部。针对重大突发事件，可以组建临时指挥机构，具体负责应急处理工作。

目前，全国各省（自治区、直辖市）人民政府都已建立了较为完备的省、地市和县三级防汛抗旱指挥机构及其办事机构。

三、水旱灾害应急管理的工作流程与机制

（一）预防预警机制

1. 预防预警的准备工作

（1）思想准备。加强宣传，增强全民预防水旱灾害和自我保护的意识，做好防大汛抗大旱的思想准备。

（2）组织准备。建立健全防汛抗旱组织指挥机构，落实防汛抗旱责任人、防汛抗旱队伍和山洪易发重点区域的监测网络及预警措施，加强防汛专业机动抢险队和抗旱服务组织的建设。

（3）工程准备。按时完成水毁工程修复和水源工程建设任务，对存在病险的堤防、水库、涵闸、泵站等各类水利工程设施实行应急除险加固，在有堤防防护的大中城市及时封闭穿越堤防的输排水管道、交通路口和排水沟；对跨汛期施工的水利工程和病险工程，要落实安全度汛方案。

（4）预案与方案准备。各级防汛抗旱指挥机构应组织工程技术人员，研究绘制本地区的城市洪水风险图、蓄滞洪区洪水风险图、流域洪水风险图、山洪灾害风险图、水库洪水

风险图和干旱风险图，作为抗洪抢险救灾、群众安全转移安置和抗旱救灾决策的技术依据。修订完善各类江河湖库和城市防洪预案、台风暴潮防御预案、洪水预报方案、防洪工程调度规程、堤防决口和水库垮坝应急方案、蓄滞洪区安全转移预案、山区防御山洪灾害预案和抗旱预案、城市抗旱预案。研究制订防御超标准洪水的应急方案，主动应对大洪水。针对江河堤防险工险段，还要制订工程抢险方案。

（5）物料准备。按照分级负责的原则，储备必需的防汛物料，合理配置。在防汛重点部位储备一定数量的抢险物料，以应急需。

（6）通信准备。充分利用社会通信公网，确保防汛通信专网、蓄滞洪区的预警反馈系统完好和畅通。健全水文、气象测报站网，确保雨情、水情、工情、旱情、灾情信息和指挥调度指令的及时传递。

（7）防汛抗旱检查。实行以查组织、查工程、查预案、查物资、查通信为主要内容的分级检查制度，发现薄弱环节，要明确责任、限时整改。

（8）防汛日常管理工作。加强防汛日常管理工作，对在江河、湖泊、水库、滩涂、人工水道、蓄滞洪区内建设的非防洪建设项目应当编制洪水影响评价报告，对未经审批并严重影响防洪的项目，依法强行拆除。

2. 预防预警有关信息

（1）气象水文海洋信息。各级气象、水文、海洋部门应加强对当地灾害性天气的监测和预报，并将结果及时报送有关防汛抗旱指挥机构。当预报即将发生严重水旱灾害和风暴潮灾害时，当地防汛抗旱指挥机构应提早预警，通知有关区域做好相关准备。当江河发生洪水时，水文部门应加密测验时段，在规定的时间范围内及时上报测验结果，为防汛抗旱指挥机构适时指挥决策提供依据。

（2）工程信息。当江河出现警戒水位以上洪水时，各级堤防管理单位应加强工程监测，并将堤防、涵闸、泵站等工程设施的运行情况报上级工程管理部门和同级防汛抗旱指挥机构。大江大河干流重要堤防、涵闸等发生重大险情应在险情发生后 4 小时内报到国家防总。

当堤防和涵闸、泵站等穿堤建筑物出现险情或遭遇超标准洪水袭击，以及其他不可抗拒因素而可能决口时，工程管理单位应迅速组织抢险，并在第一时间向可能淹没的有关区域预警，同时向上级堤防管理部门和同级防汛抗旱指挥机构准确报告。

当水库水位超过汛限水位时，水库管理单位应按照有管辖权的防汛抗旱指挥机构批准的洪水调度方案调度，其工程运行状况应向防汛抗旱指挥机构报告。当水库出现险情时，水库管理单位应立即在第一时间向下游预警，并迅速处置险情，同时向上级主管部门和同级防汛抗旱指挥机构报告。大型水库发生重大险情应在险情发生后 4 小时内上报到国家防总。当水库遭遇超标准洪水或其他不可抗拒因素而可能溃坝时，应提早向水库溃坝洪水风险图确定的淹没范围发出预警，为群众安全转移争取时间。

（3）洪涝灾情信息。地方各级人民政府、防汛抗旱指挥机构应及时监测、统计并按照规定上报洪涝灾情。洪涝灾情信息主要包括：灾害发生的时间、地点、范围、受灾人口以及群众财产、农林牧渔、交通运输、邮电通信、水电设施等方面的损失。洪涝灾情发生后，有关部门及时向防汛抗旱指挥机构报告洪涝受灾情况，防汛抗旱指挥机构应收集动态灾情，全面掌握受灾情况，并及时向同级政府和上级防汛抗旱指挥机构报告。对人员伤亡和较大财产损失的灾情，应立即上报，重大灾情在灾害发生后 4 小时内将初步情况报到国家防总，并对实时灾情组织核实，核实后及时上报，为抗灾救灾提供准确依据。

（4）旱情信息。旱情信息主要包括：干旱发生的时间、地点、程度、受旱范围、影响人口，以及对工农业生产、城乡生活、生态环境等方面造成的影响。防汛抗旱指挥机构应掌握水雨情变化、当地蓄水情况、农田土壤墒情和城乡供水情况，加强旱情监测，地方各级人民政府防汛抗旱指挥机构应按照规定上报受旱情况。遇旱情急剧发展时应及时加报。

3. 预警行动

（1）江河洪水预警。当江河即将出现洪水时，各级水文部门现代化的通信和自动化设备，将江河流域内各雨量、水位站点的降雨和洪水信息，实时地采集和传输到洪水控制中心，经过数据处理和分析，及时掌握流域洪水动态，并利用数学模型，作出未来沿岸洪水预报，再通过现代化通信设备向社会发出洪水警报，做好洪水预报工作，为预警提供依据。各级防汛抗旱指挥机构应按照分级负责原则，确定洪水预警区域、级别和洪水信息发布范围，按照权限向社会发布。水文部门应跟踪分析江河洪水的发展趋势，及时滚动预报最新水情，为抗灾救灾提供基本依据。

（2）渍涝灾害预警。当气象预报将出现较大降雨时，各级防汛抗旱指挥机构应按照分级负责原则，确定渍涝灾害预警区域、级别，按照权限向社会发布，并做好排涝的有关准备工作。必要时，通知低洼地区居民及企事业单位及时转移财产。

（3）山洪灾害预警。凡可能遭受山洪灾害威胁的地方，应根据山洪灾害的成因和特点，主动采取预防和避险措施。水文、气象、国土资源等部门应密切联系，相互配合，实现信息共享，提高预报水平，及时发布预报警报。凡有山洪灾害的地方，应由防汛抗旱指挥机构组织国土资源、水利、气象等部门编制山洪灾害防御预案，绘制区域内山洪灾害风险图，划分并确定区域内易发生山洪灾害的地点及范围，制订安全转移方案，明确组织机构的设置及职责。山洪灾害易发区应建立专业监测与群测群防相结合的监测体系，如水文监测预警系统、信息传送服务、无线广播系统、预警建设管理等，对降雨过程及降雨量的实时监控，预警山洪地质灾害发生的可能性。落实观测措施，汛期坚持24小时值班巡逻制度，降雨期间，加密观测、加强巡逻。同时，对卫星云图的接收操作系统进行换代更新，还在各山塘、水库、河流和水电站及每个乡镇、村、组和相关单位都要设立安全管理员和巡查员，一旦发现危险征兆，立即向周边群众报警，实现快速转移，并报本地防汛抗旱指挥机构，以便及时组织抗灾救灾。

（4）台风暴潮灾害预警。国家海洋环境预报中心实时接收世界气象组织全球通信网（GTS）和太平洋海啸警报中心发布的海洋、气象观测资料及海啸相关信息；接收、处理海洋环境监测站、浮标、测冰雷达站监测数据，并将接收到的各类监测数据经过质量控制后及时传输到海区预报中心和沿海省（自治区、直辖市）、计划单列市海洋预报（中心）台。同时与中国地震局建立专线，及时获取中国地震局监测的沿岸和渤海、黄海、东海、南海4级以上的地震信息以及太平洋海域6级以上的地震信息；及时获取自然资源部、中国科学院等相关部门的沿海山体滑坡、小行星陨落等与海啸发生相关的监视监测信息。将监测信息发送中央气象台。省级及其以下有关气象管理部门根据中央气象台发布的台风（含热带风暴、热带低压等）信息密切监视，作好未来趋势预报，并及时将台风中心位置、强度、移动方向和速度等信息报告同级人民政府和防汛抗旱指挥机构。可能遭遇台风袭击的地方，各级防汛抗旱指挥机构应加强值班，跟踪台风动向，并将有关信息及时向社会发布。水利部门应根据台风影响的范围，及时通知有关水库、主要湖泊和河道堤防管理单位，做好防范工作。各工程管理单位应组织人员分析水情和台风带来的影响，加强工程检查，必要时实施预泄预排措施。预报将受台风影响的沿海地区，当地防汛抗旱指挥机构应及时通知相关部门和人员做好防台风工作。加强对城镇危房、在建工地、仓库、交通道路、电信电缆、电力电线、户外广告牌等公用设施的检查和采取加固措施，组织船只回港避风和沿海养殖人员撤离工作。

（5）蓄滞洪区预警。蓄滞洪区管理单位应拟订群众安全转移方案。蓄滞洪区工程管理单位应加强工程运行监测，发现问题及时处理，并报告上级主管部门和同级防汛抗旱指挥机构。运用蓄滞洪区，当地人民政府和防汛抗旱指挥机构应把人民的生命安全放在首位，迅速启动预警系统，按照群众安全转移方案实施转移。

（6）干旱灾害预警。各级防汛抗旱指挥机构应针对干旱灾害的成因、特点，因地制宜采取预警防范措施。各级防汛抗旱指挥机构应建立健全旱情监测网络和干旱灾害统计队伍，随时掌握实时旱情灾情，并预测干旱发展趋势，根据不同干旱等级，提出相应对策，为抗旱指挥决策提供科学依据。各级防汛抗旱指挥机构应当加强抗旱服务网络建设，鼓励和支持社会力量开展多种形式的社会化服务组织建设，以防范干旱灾害的发生和蔓延。按照早发现、早报告、早处置的原则，各级抗旱指挥机构通过召开抗旱会商会议，及时明确受旱程度及受旱面积，在向上级抗旱指挥部汇报旱情的同时，及时部署抗旱工作，通过落实责任，加强管理，迅速做好抗旱工作。

（7）供水危机预警。当因供水水源短缺或被破坏、供水线路中断、供水水质被侵害等原因而出现供水危机，由当地防汛抗旱指挥机构向社会公布预警，居民、企事业单位做好储备应急用水的准备，有关部门做好应急供水的准备。

（二）应急响应机制

1. 应急响应的分级

国家和地方各级相关机构根据水旱灾害的严重程度（包括：特别重大、重大、较大和一般）和范围，将应急响应行动分为Ⅰ级、Ⅱ级、Ⅲ级、Ⅳ级共四级。国家的分级基于全国范围的角度并结合灾情严重来考虑，而地方各级相关机构则立位于所属行政区域的角度，因此国家和地方各级政府相关机构关于响应级别确定的条件不同。地方确定的响应级别在国家层面未必是相同的响应级别，但国家层面确定的响应级别对于事发地而言，必定是同样的级别。不同层面范围不同级别的水旱灾害的启动条件和响应措施不同。

2. 应急响应行动

进入汛期、旱期，各级防汛抗旱指挥机构应实行 24 小时值班制度，全程跟踪雨情、水情、工情、旱情、灾情，并根据不同情况启动相关应急程序。水旱等灾害发生后，事发地的防汛抗旱指挥机构可视汛情旱情，宣布进入紧急防汛期或紧急抗旱期，由当地防汛抗旱指挥机构向同级人民政府和上级防汛抗旱指挥机构报告情况。造成人员伤亡的突发事件，可越级上报，并同时报上级防汛抗旱指挥机构。任何个人发现堤防、水库发生险情时，应立即向有关部门报告。

（1）信息报送和处理。汛情、旱情、工情、险情、灾情等防汛抗旱信息实行分级上报，归口处理，同级共享。防汛抗旱信息的报送和处理，应快速、准确、翔实，重要信息应立即上报，因客观原因一时难以准确掌握的信息，应及时报告基本情况，同时抓紧了解情况，随后补报详情。属一般性汛情、旱情、工情、险情、灾情，按分管权限，分别报送本级防汛抗旱指挥机构值班室负责处理。凡因险情、灾情较重，按分管权限一时难以处理，需上级帮助、指导处理的，经本级防汛抗旱指挥机构负责同志审批后，可向上一级防汛抗旱指挥机构值班室上报。凡经本级或上级防汛抗旱指挥机构采用和发布的水旱灾害、工程抢险等信息，当地防汛抗旱指挥机构应立即调查，对存在的问题，及时采取措施，切实加以解决。国家防总办公室接到特别重大、重大的汛情、旱情、险情、灾情报告后应立即报告国务院，并及时续报。

（2）指挥和调度。出现水旱灾害后，事发地的防汛抗旱指挥机构应立即启动应急预案，并根据需要成立现场指挥部。在采取紧急措施的同时，向上一级防汛抗旱指挥机构报告。根据现场情况，及时收集、掌握相关信息，判明事件的性质和危害程度，并及时上报事态的发展变化情况。事发地的防汛抗旱指挥机构负责人应迅速上岗到位，分析事件的性质，预测事态发展趋势和可能造成的危害程度，并按规定的处置程序，组织指挥有关单位或部门按照职责分工，迅速采取处置措施，控制事态发展。发生重大水旱灾害后，上一级防汛抗旱指挥机构应派出工作组赶赴现场指导工作，必要时成立前线指挥部。

（3）抢险救灾。出现水旱灾害或防洪工程发生重大险情后，事发地的防汛抗旱指挥机构应根据事件的性质，迅速对事件进行监控、追踪，并立即与相关部门联系。事发地的防汛抗旱指挥机构应根据事件具体情况，按照预案立即提出紧急处置措施，供当地政府或上一级相关部门指挥决策。事发地防汛抗旱指挥机构应迅速调集本部门的资源和力量，提供技术支持；组织当地有关部门和人员，迅速开展现场处置或救援工作。大江大河干流堤防决口的堵复、水库重大险情的抢护应按照事先制订的抢险预案进行，并由防汛机动抢险队或抗洪抢险专业部队等实施。处置水旱灾害和工程重大险情时，应按照职能分工，由防汛抗旱指挥机构统一指挥，各单位或各部门应各司其职，团结协作，快速反应，高效处置，最大限度地减少损失。

（4）安全防护和医疗救护。各级人民政府和防汛抗旱指挥机构应高度重视应急人员的安全，调集和储备必要的防护器材、消毒药品、备用电源和抢救伤员必备的器械等，以备随时应用。抢险人员进入和撤出现场由防汛抗旱指挥机构视情况作出决定。抢险人员进入受威胁的现场前，应采取防护措施以保证自身安全。参加一线抗洪抢险的人员，必须穿救生衣。当现场受到污染时，应按要求为抢险人员配备防护设施，撤离时应进行消毒、去污处理。出现水旱灾害后，事发地防汛抗旱指挥机构应及时做好群众的救援、转移和疏散工作。事发地防汛抗旱指挥机构应按照当地政府和上级领导机构的指令，及时发布通告，防止人、畜进入危险区域或饮用被污染的水源。对转移的群众，由当地人民政府负责提供紧急避难场所，妥善安置灾区群众，保证基本生活。出现水旱灾害后，事发地人民政府和防汛抗旱指挥机构应组织卫生部门加强受影响地区的疾病和突发公共卫生事件监测、报告工作，落实各项防疫措施，并派出医疗小分队，对受伤的人员进行紧急救护。必要时，事发地政府可紧急动员当地医疗机构在现场设立紧急救护所。

（5）社会力量动员与参与。出现水旱灾害后，事发地的防汛抗旱指挥机构可根据事件的性质和危害程度，报经当地政府批准，对重点地区和重点部位实施紧急控制，防止事态及其危害的进一步扩大。必要时可通过当地人民政府广泛调动社会力量积极参与应急突发事件的处置，紧急情况下可依法征用、调用车辆、物资、人员等，全力投入抗洪抢险。

（6）信息发布。防汛抗旱的信息发布应当及时、准确、客观、全面。全国范围内的汛情、旱情及防汛抗旱动态等，由国家防总统一审核和发布；涉及水旱灾情的，由国家防办会同民政部审核和发布。信息发布形式主要包括受权发布、散发新闻稿、组织报道、接受记者采访、举行新闻发布会等。重点汛区、灾区和发生局部汛情的地方，其汛情、旱情及防汛抗旱动态等信息，由各地各级防汛抗旱指挥机构审核和发布；涉及水旱灾情的，由各地防汛指挥部办公室会同民政部门审核和发布。

3. 应急结束

当洪水灾害、极度缺水得到有效控制时，事发地的防汛抗旱指挥机构可视汛情旱情，宣布结束紧急防汛期或紧急抗旱期。依照有关紧急防汛、抗旱期规定征用、调用的物资、设备、交通运输工具等，在汛期、抗旱期结束后应当及时归还；造成损坏或者无法归还的，按照国务院有关规定给予适当补偿或者作其他处理。

紧急处置工作结束后，事发地防汛抗旱指挥机构应协助当地政府进一步恢复正常生活、生产、工作秩序，修复水毁基础设施，尽可能减少突发事件带来的损失和影响。

（三）善后工作

发生水旱灾害的地方人民政府应组织有关部门做好灾区生活供给、卫生防疫、救灾物资供应、治安管理、学校复课、水毁修复、恢复生产和重建家园等善后工作。

1. 灾后生活与社会秩序恢复

民政部门负责受灾群众生活救助。应及时调配救灾款物，组织安置受灾群众，做好受灾群众临时生活安排，负责受灾群众倒塌房屋的恢复重建，保证灾民有粮吃、有衣穿、有房住，切实解决受灾群众的基本生活问题。卫生部门负责调配医务技术力量，抢救因灾伤病人员，对污染源进行消毒处理，对灾区重大疫情、病情实施紧急处理，防止疫病的传播、蔓延。当地政府应组织对可能造成环境污染的污染物进行清除。

2. 防汛抢险物料补充

防汛抢险的物料主要实行“国家储备、社会团体储备和群众备料相结合”和“定额储备，满足急需”的原则，采取分散存储与集中储存相结合的方式。国家常备物料主要有石料、铅丝、麻料、麻袋、编织袋、木桩、发电机组等，分布于各县（市）区河务局，社会备料主要是结合生产、经营，由有关企业和社会团体储备的防汛抢险物料，主要为编织袋、绳类、照明器材等，平时用于生产、经营，防汛抢险需用时紧急调用。群众备料主要是柳秸料和农村生产、生活中常用的工具物料。按照“备而不急，用后付款”的原则。针对当年防汛抢险物料消耗情况，按照分级筹措和常规防汛的要求，及时补充到位。

3. 水毁工程修复

对影响当年防洪安全和城乡供水安全的水毁工程，应尽快修复。防洪工程应力争在下次洪水到来之前，做到恢复主体功能；抗旱水源工程应尽快恢复功能。遭到毁坏的交通、电力、通信、水文以及防汛专用通信设施，应尽快组织修复，恢复功能。

主要步骤包括：①成立水毁工程修复工作领导小组，专题部署水毁工程修复工作，深入水毁严重的河道、水库现场检查指导水毁工程修复；②抢抓机遇上项目，组织专业部门及时编制水毁工程修复、灾后重建移民迁移安置和低洼地区排涝等规划，为下步河道工程治理提高防洪标准提供科学依据；③积极争取水毁工程修复经费，灾情发生后，及时向省水利厅、省财政厅、省发改委和水利部等有关部门申报各类水毁工程修复经费；④组织地方及水利工程管理单位，集中人力、物力、财力，迅速开展水毁工程修复工作；⑤加强对水毁修复工程的检查指导，组织专家组深入地方和工程管理单位督促检查，指导水毁工程修复工作，制定水毁工程修复技术措施和方案，勘察研究水毁工程修复，彻底消除险情隐患，确保工程质量和人民群众生命财产安全。

4. 蓄滞洪区补偿

在遵守保障蓄滞洪区居民的基本生活、有利于蓄滞洪区恢复农业生产、与国家（地方）财政承受能力相适应等原则的基础上，按照国家有关规定，加强蓄滞洪区的安全建设和管理，调整产业结构，控制人口增长，有计划地组织人口外迁。蓄滞洪区内具有常住户口的居民（以下简称“区内居民”），在蓄滞洪区运用后，依照《蓄滞洪区补偿暂行办法》的规定获得补偿。区内居民除依照本办法获得蓄滞洪区运用补偿外，同时按照国家有关规定享受与其他洪水灾区灾民同样的政府救助和社会捐助。

5. 灾后重建

灾后水利建设包括实施植树、退耕还林，加大水土保持力度，改善生态环境，做好平垸行洪、退田还湖、移民建镇和蓄滞洪区安全建设，加高加固堤防，加快江河控制性工程建设，加强河道的整治，提高防洪现代化技术水平，加大科技投入。

发生水旱灾害后，各相关部门应按照国家、地方制定的准则、措施和要求尽快组织灾后重建工作。灾后重建原则上按原标准恢复，在条件允许的情况下，可提高标准重建。

6. 防汛抗旱工作评价

每年各级防汛抗旱部门应按照防汛工作实现“工程标准化、管理规范化、洪水资源化、技术现代化、保障社会化”的目标要求，建立防汛工作年评价制度，结合实际开展评价工作。针对防汛抗旱工作中的流域（河流）现有防洪能力（标准）、防汛准备、水文气象测报预报、洪水调度、抗洪抢险和救灾等各方面的工作和主要工作环节进行定性和定量分总结、分析和评估。引进外部评价机制，征求社会各界和群众对防汛抗旱工作的意见和建议，总结经验，找出问题，从防洪抗旱工程的规划、设计、运行、管理以及防汛抗旱工作的各个方面提出改进建议，以进一步做好防汛抗旱工作。

（四）水旱灾害的应急保障

1. 通信与信息保障

任何通信运营部门都有依法保障防汛抗旱信息畅通的责任。防汛抗旱指挥机构应按照以公用通信网为主的原则，合理组建防汛专用通信网络，确保信息畅通。出现突发事件后，通信部门应启动应急通信保障预案，迅速调集力量抢修损坏的通信设施，努力保证防汛抗旱通信畅通。必要时，调度应急通信设备，为防汛通信和现场指挥提供通信保障。在紧急情况下，应充分利用公共广播和电视等媒体以及手机短信等手段发布信息，通知群众快速撤离，确保人民生命的安全。

2. 应急支援、装备与技术保障

（1）现场救援和工程抢险保障。对历史上的重点险工险段或易出险的水利工程设施，应提前编制工程应急抢险预案，以备紧急情况下因险施策；当出现新的险情后，应派工程技术人员赶赴现场，研究优化除险方案，并由防汛行政首长负责组织实施。储备的常规抢险机械、抗旱设备、物资和救生器材，应能满足抢险急需。

（2）应急队伍保障。任何单位和个人都有依法参加防汛抗洪的义务。解放军、武警部队和民兵是我国抗洪抢险的重要力量。防汛抢险队伍分为：群众抢险队伍、非专业部队抢险队伍和专业抢险队伍。在抗旱期间，地方各级人民政府和防汛抗旱指挥机构应组织动员社会公众力量投入抗旱救灾工作。

（3）供电保障。电力部门主要负责抗洪抢险、抢排渍涝、抗旱救灾等方面的供电需要和应急救援现场的临时供电。

（4）交通运输保障。交通运输部门主要负责优先保证防汛抢险人员、防汛抗旱救灾物资运输；蓄滞洪区分洪时，负责群众安全转移所需地方车辆、船舶的调配；负责分泄大洪水时河道航行和渡口的安全；负责大洪水时用于抢险、救灾车辆、船舶的及时调配。

（5）医疗保障。医疗卫生防疫部门主要负责水旱灾区疾病防治的业务技术指导；组织医疗卫生队赴灾区巡医问诊，负责灾区防疫消毒、抢救伤员等工作。

（6）治安保障。公安部门主要负责做好水旱灾区的治安管理工作，依法严厉打击破坏抗洪抗旱救灾行动和工程设施安全的行为，保证抗灾救灾工作的顺利进行；负责组织搞好防汛抢险、分洪爆破时的戒严、警卫工作，维护灾区的社会治安秩序。

（7）物资保障。防汛抗旱指挥机构、重点防洪工程管理单位以及受洪水威胁的其他单位应按规范储备防汛抢险物资，并做好生产流程和生产能力储备的有关工作。防汛物资管理部门应及时掌握新材料、新设备的应用情况，及时调整储备物资品种，提高科技含量。干旱频繁发生地区县级以上地方人民政府应当储备一定数量的抗旱物资，由本级防汛抗旱指挥机构负责调用。严重缺水城市应当建立应急供水机制，建设应急供水备用水源。

（8）资金保障。中央和省级财政筹集安排的防汛抗旱资金，用于国家明确的重要江河、湖泊、水库的堤坝抗大洪抢大险和水毁工程修复，以及遭受严重干旱地区为兴建应急抗旱设施、添置提运水设备和运行费用的补助。各地、县级财政筹集安排的防汛抗旱资金，用于本区域的防汛抗旱和水利工程修复补助。按照有关规定，省级水行政主管部门可以在防洪保护区范围内征收河道工程修建维护管理费、防汛费，以加强保护区内的防洪工程建设，提高抗洪能力。

（9）社会动员保障。防汛抗旱是社会公益性事业，任何单位和个人都有保护水利工程设施和防汛抗旱的责任。汛期或旱季，各级防汛抗旱指挥机构应根据水旱灾害的发展，做好动员工作，组织社会力量投入防汛抗旱。各级防汛抗旱指挥机构的组成部门，在严重水旱灾害期间，应按照分工，特事特办，急事急办，解决防汛抗旱的实际问题，同时充分调动本系统的力量，全力支持抗灾救灾和灾后重建工作。各级人民政府应加强对防汛抗旱工作的统一领导，组织有关部门和单位，动员全社会的力量，做好防汛抗旱工作。在防汛抗旱的关键时刻，各级防汛抗旱行政首长应靠前指挥，组织广大干部群众奋力抗灾减灾。

（10）技术保障。我国已经开始建设国家防汛抗旱指挥系统，建成后形成覆盖国家防总、流域机构和各省、自治区、直辖市防汛抗旱部门的计算机网络系统，提高信息传输的质量和速度。地方各级防汛抗旱指挥机构应不断完善防汛抗旱技术支撑系统，提高信息监测、采集、处理、预警和指挥协调的能力，同时建立专家库，当发生水旱灾害时，由防汛抗旱指挥机构统一调度，派出专家组，指导防汛抗旱工作。

3. 培训与演练

（1）公众信息交流。汛情、旱情、工情、灾情及防汛抗旱工作等方面的公众信息交流，实行分级负责制，一般公众信息可通过媒体向社会发布。当主要江河发生超警戒水位以上洪水，呈上涨趋势；山区发生暴雨山洪，造成较为严重影响；出现大范围的严重旱情，并呈发展趋势时，按分管权限，由本地区的防汛抗旱指挥部统一发布汛情、旱情通报，以引起社会公众关注，参与防汛抗旱救灾工作。

（2）培训。一般采取分级负责的原则，由各级防汛抗旱指挥机构统一组织培训。培训工作应做到合理规范课程、考核严格、分类指导，保证培训工作质量。培训工作应结合实际采取多种组织形式，定期与不定期相结合，每年汛前至少组织一次培训。

（3）演习。各级防汛抗旱指挥机构应定期举行不同类型的应急演习，以检验、改善和强化应急准备和应急响应能力。专业抢险队伍必须针对当地易发生的各类险情有针对性地每年进行抗洪抢险演习。多个部门联合进行的专业演习，一般 2~3 年举行一次，由各级防汛抗旱指挥机构负责组织。

四、水旱灾害的综合治理与防范对策

（一）建立水旱灾害综合减灾行政组织管理体系

水旱灾害治理是一个包括灾前防范、灾中救助、灾后恢复重建的全方位多维度的系统工程。这个系统工程的实施首先必须建立一个由政府统一领导，各级职能部门相互配合与协调，保险公司、社会团体、非政府组织、社区和农户共同参与的综合减灾行政组织管理体系，体系内各级政府与各部门权利与义务明确、职责与分工明晰。

（1）政府。政府在防洪抗旱救灾管理中发挥着“大脑神经中枢”的作用，是抗灾救灾工作的管理者和领导者。在实行综合减灾行政管理时，必须充分重视对现有行政管理方式的纵向协调与横向协调。“纵向协调”即人力发挥中央和地方各级政府的协同作用，特别是强调基层社区在灾害防御和治理中的基础性作用；“横向协调”即充分发挥国家减灾委，国务院防洪抗旱领导小组（指挥部）等减灾机构与各省、市、县各级政府中相关机构的能动作用，充分发挥各级政府与各职能部门之间的“合力”，实现灾害风险管理信息的共享和资源的高效利用。

（2）保险公司。我国国内的商业保险公司目前还只是在企业财产险、农村家庭财产险里附带了洪水责任险，专门的洪水和干旱灾害保险业务基本上尚未开展。农作物的洪水责任险也在 1996 年和 1998 年大洪水的高额赔付之后基本上停止了，仅开展了几年之久。因此保险公司应重新积极稳妥地开展水旱灾害保险，发挥保险公司“三农”保护伞的作用。

（3）企业、社区和农户。受洪水和干旱威胁下的企业、社区和农户是灾中救援的对象，也是灾后恢复的主体，这些主体应在辖区政府减灾行政组织管理体系的指导和帮助下，加强自身经济能力建设和安全建设，提高对干旱、洪涝风险的防御能力，而且这是抵御风险最根本的途径。

（4）非政府组织和民间团体。社会的救助功能在历次自然灾害救助和灾后恢复重建中都发挥了重要作用，成为灾害风险救援中不可或缺的重要组成部分。国家应出台政策甚至法规表彰和鼓励非政府组织和民间团体对农业自然灾害的救助捐赠和积极参与的行为，这部分民间组织和团体则应急人民之所急，想人民之所想，积极主动地加入抗灾减灾救援中来。①

（二）建设水旱灾害防御工程体系

（1）开展大江大河堤防建设与河道整治，主要建设内容包括堤防新建和加高加固、崩岸治理、河道清淤、河势控制，以及必要的监测设施等。

（2）开展大江大河控制性枢纽工程建设，进一步提升大江大河洪水控制能力。

（3）开展蓄滞洪区建设，主要建设内容包括新建、改（扩）建蓄滞洪区围隔堤、进退洪控制设施等，新建、加固安全区围堤、安全台、撤退道路等，完善通信预警设施。

（三）建立水旱灾情监测预警和响应的复合型系统

1. 构建完善的水旱灾害监测预报预警体系

为有效防范和减轻水旱灾害损失，应着力构建灾前监测预报预警体系。我国目前已开展了水旱灾情方面的监测工作，但尚不能为 灾情预警提供全面有效的支撑。因此，需加强气象、水文、农情等方面的监测系统建设，提高动态监测能力，形成覆盖全国、信息完备、资源共享的监测网络，构建灾情预警系统平台，实现灾情早期预警。

2. 建立反应迅速、协调有序、运转高效的应急响应机制

建立反应迅速、协调有 序、运转高效的防汛抗旱应急管理机制，对提高防洪抗旱的应急响应能力也很重要。目前，中国已基本建立了抗旱预案制度，国家防总也在 1999 年下发执行了《水旱灾害统计报表制度》，对于有效应对水旱灾害发挥了积极作用，但普遍

① 谷洪波，唐铠，刘新意，等. 我国农业水旱灾害的危害及防御体系的建构［J］. 湖南科技大学学报（社会科学版），2013（3）：123-126.

存在着预案的科学性、合理性较差，可操作性不强等问题。因此，应从以下方面着手，全方位提高防洪抗旱应急响应能力：不断完善各级防灾抗灾应急预案，加强防灾减灾组织体系和应急响应机制建设；强化部门责任机制、完善部门间协调联动；健全信息报告和通报制度、强化信息发布和舆论引导；建立健全物资储备制度，优化储备方案；确保防洪抗旱应急服务能力，有效开展抗灾减灾服务等①。

3. 构建防御洪水应急抢险技术支撑体系

做好防御洪水应急抢险技术支撑是水利部的一项重要职能，也是与应急管理部精准对接、科学协同的一项重要工作，必须采取有效措施，尽快构建科学合理高效的支撑体系。

第一，利用有关部门技术力量，结合所学专业、所从事工作和以往抢险经验，构建覆盖有防洪应急抢险需要的国家、流域和省 3 级专家库，视防汛抗洪抢险需要或有关部门请求，及时派出专家组，协助开展险情处置工作。

第二，根据不同工程类型，编制相应的专项水利应急处置工作规则。要参照堰塞湖应急工作机制，分别制订大坝、堤防、闸坝等险情抢护应急工作机制，重点是各部门协同机制。

第三，开展场景式全周期抢险成功数字案例建设。收集整理过去各类险情抢护成功案例，综合运用大数据、云计算、移动互联、人机交互、增强现实/虚拟现实（AR/VR）、GIS、遥感等技术，构建直观形象、覆盖抢险全过程的数字案例，为专家组现场协助险情处置提供强有力的技术支撑。

第四，构建防洪应急抢险远程研判系统。对于重特大险情，采用现代通信、电子和计算机技术手段，充分利用后方科研机构、专家力量，实现后方指挥部门对相关信息的远程采集、传输、处理、存储和查询，开展险情远程研判、抢险方案制订、抢险实施效果评估等工作。

第五，加强先进高效的技术装备研发。重点研发水情、冰情、墒情应急监测、工程险情快速探测、险情巡查及抢险等技术装备。

4. 强化水旱灾害的风险管控

水旱灾害防御要始终遵循“以防为主”“灾前预防”和“减轻灾害风险”的思想，从开展水旱灾害风险隐患排查、风险早期识别与研判着手，强化风险管控。

第一，大力开展水旱灾害风险隐患排查。隐患早排查、早消除是确保水工程安全度汛

---

① 谷洪波，唐铠，刘新意，等. 我国农业水旱灾害的危害及防御体系的建构［J］. 湖南科技大学学报（社会科学版），2013（3）：123-126.

的重要手段，要组织开展水工程水旱灾害风险大规模排查工作，登记造册、逐一消险。

第二，继续开展洪水风险图编制。启动旱灾风险图及防治区划图编制，强化在国土应用规划、防洪抗旱规划、人员紧急转移、防洪抗旱调度决策等方面的应用。

第三，提高全社会水旱灾害风险意识。充分利用水旱灾害风险图编制成果，及时向社会发布，同时强化风险实时预警，让公众及时掌握自身是否处于风险之中及风险程度，采取有效措施及时避灾自救。

第四，强化水旱灾害风险早期识别与发展趋势研判。强化水情雨情旱情监测，加强预测预报，对可能引起的风险程度及时研判，根据风险程度分析可能给相关地区带来的危害程度，对可能产生的损失进行评估，据此采取有效防范措施①。

---

① 万海斌. 浅议新时期水旱灾害防御工作举措［J］. 中国防汛抗旱，2019，29（3）：1-4.

第六章　突发公共卫生事件的应急管理研究

第一节　突发公共卫生事件的界定

公共卫生是卫生事业的重要组成部分，是政府通过公共政策和保障措施，创造公共健康环境和条件，改善和促进广大人民群众健康状况的一项基本的管理和服务职责。公共卫生不仅关系到国家的长治久安和兴旺发达，而且在当今经济全球化的背景下，严重的公共卫生事件还可能跨越国界，对全人类的安全造成不利后果，成为影响政治、经济、外交和国家安全的重大问题，通过对公共卫生事件概念及内涵的分析，让公众更加了解突发公共卫生事件，以此引起重视。

一、突发公共卫生事件的内涵及性质

突发公共卫生事件主要指突然发生的，造成或者可能造成社会公众健康严重损害的重大传染病疫情、群体不明原因疾病、重大食物和职业中毒以及其他严重影响公众健康的突发事件。突发公共卫生事件主要包括：重大急性传染病暴发流行，群体不明原因疾病、新发传染病，预防接种群体性反应和群体药物反应，重大食物中毒，重大环境污染，急性职业中毒，放射污染和辐照事故，生物、化学、核辐射恐怖袭击，重大动物疫情，以及由于自然灾害、事故灾难或社会治安等突发事件引发的严重影响公众健康的卫生事件。

（一）突发公共卫生事件的内涵

突发公共卫生事件针对的是群体而不是个体。我们归纳其内涵包括以下几方面：一是突发公共卫生事件是指突然发生的事件。所谓突然发生，是指没有预期或超出预期而发生，事件具有偶然性，其发生的时间、地点或人群均具有不确定性。二是突发公共卫生事件是指造成或者可能造成社会公众健康严重损害的事件，突发公共卫生事件一般指造成社会公众健康严重损害的事件，但在有些情况下也指可能造成社会公众健康严重损害的事件，即以造成社会公众健康严重损害或可能造成严重损害为必要条件。三是事件的波及范

围或影响不仅仅是单个的个体，而是群体，是很多人，可能是几十人几百人，有时甚至是数千人数万人，如果应对不当还会蔓延扩散，其发展趋势有时难以控制。

（二）突发公共卫生事件的性质

不管是传染病还是非传染病，凡是直接影响到公众健康或生命安全，需要紧急应对的公共卫生事件均属于突发公共卫生事件，包括重大传染病疫情，生物、化学及核辐射恐怖事件，群体性不明原因疾病，严重中毒，重大毒物泄漏，放射性危害事件，地震、洪水等重大自然灾害等。其中重大传染病疫情的概念也非专指甲类传染病，乙类与丙类传染病暴发或造成多例死亡或较多人发病、罕见的或已消灭的传染病、临床及病原学特点与原有疾病特征明显不同的疾病、新出现的传染病等，只要造成或可能造成社会公众健康严重损害，也属于突发公共卫生事件。确定一个事件是不是突发公共卫生事件，要用发展的眼光进行综合判断，要具有前瞻性。从近年来的防治实践看，事件发生初期的判断对事件的发展变化和事件的最终结局起决定作用，因此要正确认识突发公共卫生事件的性质及其影响，把握事件出现的苗头，确定影响范围，及时采取有效措施，防止事件扩大。

二、突发公共卫生事件的特征

（一）突发性

首先，突发公共卫生事件虽然存在着发生征兆和预警的可能，但往往很难对其真实发生的时间、地点做出准确预测和及时识别，如各种恐怖事件、自然灾害引起的重大疫情、重大食物中毒等。

其次，突发公共卫生事件的形成常常需要一个过程，开始可能其危害程度和范围很小，对其蔓延范围、发展速度、趋势和结局很难预测或不能引起足够的重视。突发性是突发公共卫生事件的最基本特点，是区别一般卫生问题或卫生事件的显著标志。

（二）群体性

突发事件所危及的对象不是特定的人，而是不特定的社会群体，在事件影响范围内的人都有可能受到伤害。突发公共卫生事件造成的伤害往往同时波及多人，具有群体性。中毒事件可能造成一个单位多人受害；环境污染事件则可能使污染物蔓延扩散，整个区域的人群受到影响；传染病事件则呈现更加复杂的流行病学特点，范围大波及面广，有时会在全国范围内流行，甚至超出国界。

（三）多样性

突发公共卫生事件的种类呈多样化，主要包括细菌、病毒所致的各种传染性疾病，食物中毒，不明原因引起的群体性疾病，有毒有害因素污染环境造成的群体中毒，急性职业中毒，各种自然灾害以及生物、化学、核辐射事件等。物理、化学、生物因素等均可引起突发公共卫生事件，洪涝、地震、风暴等自然因素和某些社会因素如罢工等也可引起突发公共卫生事件。因此引起突发公共卫生事件的原因具有多样性，而且每一种突发公共卫生事件均是在多种因素的综合作用下发生的，如病原体是引起传染病事件的生物学因素，但不是唯一因素，只有在其他物理、化学甚至社会经济因素的共同作用下才可能引起传染病暴发或流行事件。

（四）高频化

从我国来看，突发公共卫生事件高频化发生主要有四个原因：第一，我国社会经济制度处于转型时期，国家对公共卫生事业投入的不足导致了各种预防措施严重缺乏，公共卫生医疗体制不能适应时代发展的需要。第二，我国是世界上少数多灾国家之一，又是发展中大国，近年来许多地方只注重经济发展，而忽视了对生态环境的保护，导致各种灾害频发。第三，一些病原体的变异导致了新发传染病、再发传染病及不明原因疾病、人畜共患病的频繁暴发，抗生素药物的滥用也使病原体产生了耐药性。第四，有毒有害物质滥用和管理不善导致的化学污染、中毒和放射事故等逐年增多。

（五）社会危害严重

由于突发公共卫生事件涉及范围广，影响范围大，一方面，对人们身心健康产生危害，可能很长时间内在人们心灵深处产生阴影；另一方面，一些突发公共卫生事件涉及社会不同利益群体，敏感性、连带性很强，处理不好可能严重影响人民群众的身体健康并造成社会混乱，以至于影响社会稳定和经济发展。突发事件可对公众健康和生命安全、医学教育、社会经济发展、生态环境等造成不同程度的危害，这种危害既可以说对社会造成的即时性严重损害，也可以说从发展趋势看对社会造成严重影响的事件。其危害可表现为直接危害和间接危害。直接危害一般为事件直接导致的即时性损害，间接危害一般为事件的继发性损害或危害。突发公共卫生事件不仅仅是卫生事件，也是社会事件，通常会造成较大的负面影响。

（六）国际互动性

伴随着全球化进程的加快，突发公共卫生事件的发生具有一定的国际互动性。经济全球化在人员、物资大流通的同时，也带来了疫情传播的全球化。一些重大传染病可能通过交通、旅游、运输等各种渠道向国外进行远距离传播。

（七）发展的阶段性

突发公共卫生事件的实质是社会危机，其发生、发展具有阶段性，在不同的阶段有不同的特征。

事件酝酿期：即先兆期，事件的发生都是从渐变、量变，最后才形成质变，而量变是事件的成形与暴发，因此潜在危机因素的发展与扩散是危机管理的重要阶段。

事件暴发期：即发生期，突发公共卫生事件以某种显性方式突然出现，往往是多个因素动态发展的显性结果，对社会，特别是对公众健康造成严重损害。

事件扩散期：突发公共卫生事件发生后如果不能立即处理，事件的波及范围和强度将会扩大或加重，其表现形式就是事件的流行病学分布的变化。

事件处理期：为事件发展的关键阶段，处理得当与否决定其发展变化及结局。建立健全高效的应急机制及时进行专业处理、对事件进行有效管理等有助于事件的正确处理。

处理结果与后遗症期：经过应急处理后，事件得到解决，对社会的影响消除。但事件仍会存在后遗症，无效的或不及时的处理更有可能使残余因素死灰复燃，重新进入新一轮酝酿期。突发公共卫生事件尽管可能会经历几个阶段，但只要防控得当，事件可能不会出现，或不经历几个完整的阶段。实践证明，事件处理的最适时机是酝酿期或暴发期初期，越早越好，这就是突发公共卫生事件防控中强调的早发现、早报告和早处理，将事件消灭于萌芽阶段，或事件一出现就被及时控制。

三、突发公共卫生事件应急管理理论体系

应急管理理论体系总体规制为“一案三制”。

（一）“一案”代指突发事件应急预案

是根据突发事件的相关特点和发生轨迹，提前制定与设置预案和计划，及时准确应对突发事件与紧急问题。突发事件应急预案主要有政府宏观预案、基层政府应对预案、专项事件突发预案、部门机构应急预案以及大型工程与活动应急预案等。

（二）“三制”是指突发事件应急体系的管理机制、运行机制以及法律机制

一是应急管理机制在突发事件中处于核心地位。权威性与专业化组织管理部门和应急指挥机构可充分发挥组织优势与资源优势，最大限度地调动社会力量参与应急救援，第一时间调配卫生资源与医疗设备。政府部门可有效协调专业性的救援队伍和应急专家团队，引导区域化与部门化协作（人民解放军、公安消防、武警部队的相互联动），在突发事件事前预案预警、事中应急处理、事后监控反馈中发挥主导和关键作用。

二是完善的应急运行机制在突发事件处于关键环节。应急运行机制主要包括监测预警机制、决策调控机制、协调参与机制、信息报告机制、应急响应机制以及资源调配机制等，各项机制在良性运转中层层相扣，密切相连，在不断优化中推动突发事件的效能化解决。

三是健全的法律机制贯穿于突发事件应急管理的始终。要不断加强应急管理工作的法治化进程和步骤，只有按照法律规范和约束加强集约管理，突发事件应急工作才能有法可依、有法必依。法治化轨道可促使应急管理刚性规范，严格按照法律章程处理应急工作，保障突发事件应急过程的责任性与约束力。

四、突发公共卫生事件相关应急管理理论分析

突发公共卫生事件的处理是一项复杂的系统工程，涉及预警和监控、应急协同联动以及社会参与等各个环节，牵涉该领域的相关理论很多。

（一）危机管理理论

关于危机管理的概念与定义，国内外学者进行了翔实的阐释和论述，最具代表性的是美国学者斯蒂芬·菲克。他认为，当事情态势的发展到达难以控制的界定时，危机管理效果就会彰显效用，把危机事件降低到可控范围之内，是危机管理的重要特征。国内学者薛澜等人认为，危机管理是对危机事件全过程管理，效能化的危机管理需要具备以下内容：移转或缩减危机事件的来源、范围和影响；完善危机损害后的应急模式；提升危机预案与决策的影响力；不断修订与总结，及时选择最佳路径减轻危机损害。①

国内外学者对危机管理模式和应用体系有不同的认知和定论，主要有以下具有典范意义的观点。美国工业家诺曼·奥古斯丁把危机管理设定为 6 个发展阶段：

① 薛澜，张强，钟开斌. 危机管理——转型期中国面临的挑战［M］. 北京：清华大学出版社，2003：41.

第一阶段：危机的预警与避免。预防与避免危机的发生是最好的危机应对方式，管理者和组织者必须竭尽全力规避风险和损害，对难以避免的危机做好保障和预警安排。

第二阶段：危机的准备与布控。设定好相关计划和安排处理危机事件，无论是决策上的制定还是物质上的保证。

第三阶段：危机的明晰和认定。通过全方位的资源信息和消息传递，明晰危机的发展与发生，尽快识别危机的介质和源头，集思广益解决问题，请求专家帮助。

第四阶段：危机的处理和控制。按预案的设定，依据具体情况解决相关问题，把损害和危机降低到最小化。

第五阶段：危机的解决。利用全方位与多角度的资源优势，采取切实可行的措施解决危机事件。

第六阶段：危机的总结和反馈。前五个阶段的信息报告和系统总结可以为下一步危机事件的解决提供良性指导借鉴，弥补不足，纠正差错。

美国危机管理专家罗伯特·希斯最早在危机管理理论与应用实践领域提出 4R 模式，即缩减力（Reduction）、预备力（Readiness）、反应力（Response）、恢复力（Recovery）四个阶段组成。管理者需要主动将危机工作任务按 4R 模式划分为四类——减少危机情境的攻击力和影响力，做好处理危急情况的准备，尽力应对已发生的危机，以及从中恢复。

（二）灾害经济学理论

灾害经济学的理论阐述基本上有以下几点：

第一，灾害发生难以避免。自然灾害、人为灾难以及不明因素灾祸等突发灾害不可能完全规避，各类灾害造成的经济损失和严重创伤难以精确估摸与推测。

第二，事物本身发展有其自然规律和序列波动。灾害在发生与发展中遵循潜伏、暴发、推进、减退以及停止的一般规律和轨迹，除了在峰值表现出强弱与大小不同外，基本符合自然性的守恒原理。

第三，趋利避害原则。从长远愿景与可持续规划来说，并非所有灾害都酿成巨大损害，预防和引导是处理灾害的有效方式，循规诱导是一种科学的应对措施。

第四，寻求根治灾害的最佳组合点。对灾害的应对和防治而言，治标方案投入少但见效快，难以可持续稳固；治本方案投入大见效慢，长效机制稳健，寻求灾害防治的最佳结合点和交叉点对于灾害经济学的效果力、效益性的实现具有参鉴意义。

（三）公共产品理论

公共产品理论是新政治经济学和公共经济学的基本理论，社会产品分为公共产品与私人产品。萨缪尔森在《公共支出的纯粹理论》中这样阐述对公共产品理论的相关理解："纯粹的公共产品（劳务）是这样的产品（劳务），即他人消费这种这类物品（劳务）不会减少其他人对于这类物品（劳务）的消费。"公共产品理论是协调处理以下关系的基础性理论：政府与市场机制的关系；政府职能转变与行政管理体制改革的关系；政府与公共财政收支体系的关系；政府与公共服务市场化的关系。

公共产品相对于私人产品而言，具有鲜明的特征。

第一，公共产品属性的固定性与不可分割性。私人产品属于个人掌握和拥有，其产品可分割为可以交易或买卖的部分，谁支付谁拥有，具有直接交换和买卖的性质。而公共产品是固有属性的一部分，具有不可分割性和难以切分性。比如，公园、道路以及绿化植被等是提供给大众进行享用的，没有分割的属性在里面。

第二，公共产品收益的非排他性。私人产品的固有属性属于占有人所有，占有人享有产品或者部分劳务使用权、处置权以及转让权，谁支付谁受益。公共产品从一定意义上讲是公共资源，是政府提供给大众的服务载体和客体，满足公众相关需求也是政府的职能所在，任何人消费公共产品不会排除他人消费。

第三，公共产品消费的非对抗性。公共产品产出后，消费者的增加不会导致生产成本的增加或者递增。由于增加者的边际成本为零，消费者的增加或者减少不会相对应地促使该产品质量和数量上的变化。比如，国防与治安、人口数量的增加或者减少，不会影响任何人享受国防和治安的保驾护航，因此非对抗性也称为非争夺性与非竞争性。

第二节　突发公共卫生事件中的行政机关职责

一、突发公共卫生事件的行政职责基本理论

依法行政原则的基本含义在于行政机关和其他行政公务组织必须依法行使行政权或从事行政管理活动。我国周边地区的疫情有抬头趋势，但是有部分干部群众对疫情防控形势认识不到位，部分省市均无本地病例、境外输入病例报告，相关单位对重点人群主动摸排、"守小门"等工作存在侥幸心理，工作上流于形式。

比例原则指行政机关行使自由裁量权时，应在全面衡量公益与私益的基础上选择对行政相对人侵害最小的适当方式进行，不能超过必要的限度。在疫情防控期间，我国对外地流动公民隔离期间的三餐、消费需求等作了充分保证，同时也积极关怀志愿人员的切身利益。

二、突发公共卫生事件中的行政职责问题

（一）行政立法责任

行政立法责任指行政立法主体对其违法行为应承担的法律责任。对于行政机关来说，其有义务也有职权制定相关配套的法制措施，行政立法权也必须受到责任的约束，否则有滥用权力、侵害公民权益的风险。

但目前行政立法存在不足：第一，重大疫情防控体制机制不完善。我国不同地区制定的应急预案，没有完全遵循《突发公共卫生事件应急条例》规定的启动前提，不同地区关于应急响应机制的启动方式、时限、调整及解除标准、程序和方式、是否需要专家评估等缺少统一、标准的规范。第二，相关紧急状态立法缺失。我国至今仍没有颁行紧急状态法，下位法的实施也因此受到阻碍。宪法中只规定了紧急状态的决定和宣布机关，没有明确其含义和相应制度，这就使行政行为的合法性受到质疑。

（二）行政应急责任

行政应急指行政机关组织相关力量对可能发生或已经发生的公共危机事件进行预测、监督、控制和协调处理，以期有效地预防、处理和消除危机，减少损失的有关举措。我国地方性的应急法律规范在立法上还存在一定的空白，部分法律规定在实际执法中存在一定的难度，不少地方缺少统一常设的应急机构。

行政应急不足的现状主要体现在三个方面。第一，滞后公开和发布疫情防控的相关信息。在新冠疫情早期，部分地区政府部门没有根据《突发事件应对法》等法律规定及时准确地向大众发布相关的信息，没有采取及时有效的应急措施，极大影响了行政机关形象与疫情防控实效。第二，一些行政强制措施限制了相对人的基本权利。部分地区的村、居委会采取了统一封路、阻止外地务工人员返乡的交通管制措施，这在低风险地区超过了必要限度，也未按照《道路交通安全法》要求取得地方人大和政府授权或委托。第三，行政公务人员应急响应能力不足。根据国家卫生健康委发布的公报，2018 年我国各类医疗卫生机构的人员总数为 1230 万，疾病预防控制中心的人员仅有 18. 8 万，疫情防控所需的专业性人才的数量与质量不能满足现实需要。某些行政机关的工作人员甚至摸不清本地疫情防控情况，不能妥善安置应急救援物资、调配救援人员。

（三）行政侵权责任

行政侵权赔偿责任指行政机关及其工作人员在行使职权的过程中侵犯公民、法人和其

他组织的合法权益并造成损害，法律规定由国家承担赔偿的责任。

行政侵权补偿责任指行政机关因合法行为给公民、法人或其他组织权益造成损害时，由行政机关承担补偿的责任。在新冠疫情暴发初期，对武汉华南海鲜市场的水产品等采取掩埋、销毁的措施，就是行政补偿的典型。

行政侵权责任落实不足体现在以下几个方面：行政侵权责任落实不足首先表现在法律规定方面。作为行政赔偿依据的《国家赔偿法》，赔偿标准过低，不包括精神损害，程序设置不合理。相对人是否获得赔偿、获得赔偿数额由赔偿义务机关单方面决定。部门法中的相关规定也欠缺，如相关法律只对违法的行政行为本身加以规制，对其导致的公民权利受损，却没有行政赔偿的相关规定。而且原则性规定多于实际可操作性的条款，如《突发公共事件应对法》第 12 条规定了突发事件中行政机关有权征用单位和个人的财产，但该规定中没有行政补偿的必要性、方式、标准等具体内容。例如，在新冠疫情防控行动中，部分地区强制封门、挖沟堵路等，随意散布感染者的隐私，这些实施非法强制措施或滥用行政紧急权的职务违法行为，行政机关都应对其造成的不利后果承担侵权责任，维护公民权益。

三、完善突发公共卫生事件中行政职责的建议

（一）完善行政立法责任

第一，完善疫情防控体制机制法律体系。在常态化防控的过程中，我国必须完善重大疫情防控体制机制。要从立法中明确中央领导小组、应急指挥部的性质和地位，并明确相关工作领导小组、疫情防控指挥部制定的疫情防控相关文件的法律性质，保障行政性文件的实施效力，进一步完善疫情应急响应制度，如充分利用微信公众号平台，及时向民众披露风险地区的概况等。

第二，完善公共卫生紧急状态法律体系。我国应当加紧出台《紧急状态法》，实质性落实宪法确立的紧急状态制度，从立法上精心设计和妥善安排，避免因制度失灵引起对社会的二次伤害。我国《宪法》第 67、69 条只规定了有权决定进入紧急状态的主体，《突发事件应对法》第 69 条规定了进入紧急状态的前提，但是没有规定进入紧急状态的条件、程序，日后应当在立法中予以明确。此外，还应当整合并明确《突发事件应对法》中涉及的相关法律，形成可具体执行的法律制度。

（二）行政应急责任的完善

第一，提升公务人员的应急法治思维和能力。各级行政机关应坚持依法开展疫情防控

工作，承担好应急责任。公务人员应当主动学法、守法，组织讲座、课程，增强公务人员疫情防控的知识和能力，并定期组织规范化、专业化的行政应急情景演练。

第二，完善行政应急争议协调机制。在疫情管制过程中，发生应急处置措施权限争议时，行政机关应尝试行政行为权限争议快速协调裁决机制，与疫情联防联控机制相结合，明确行政相对人对滥用行政权的行政机关做出的行为享有诉权。

（三）行政侵权责任的完善

第一，拓宽适用情形并细化责任承担。在专项立法中，明确突发公共卫生事件中职务违法或过失行为造成损害后果的行政赔偿的规定。行政赔偿的义务承担者已明确是造成损害的、做出违法行为的行政部门，建议对财产征用的行政补偿主体规定为县级以上人民政府，对人身损害的补偿义务人建议规定为各级卫生行政部门，同时加强对公民个人隐私的保护，这样既能缓解行政机关的工作压力，也能保障非常态下公私利益的平衡。

第二，完善损害赔付。《国家赔偿法》中对人身损害赔偿的标准是国家上年度职工日平均工资，但在实际防控阶段，不同地区的经济受到不同等级的重创，应当考虑各地区实际经济状况具体赔付。建议采用“受害人所在省（自治区、直辖市）上年度职工日平均工资”作为赔偿计算标准，并设置相应的浮动系数。现行法律仅赔付直接损失，建议对经营场所的预期收益、外地务工返乡人员的房租、因强制措施导致的财产贬值等间接损失也进行规定，同样由违法主体承担。

第三节　突发公共卫生事件应急管理的国际经验

突发公共卫生事件对人类生命安全和社会经济发展构成了极大威胁，是公共安全管理的一项重要研究内容。随着全球一体化和信息多元化的发展，日益突出的突发公共卫生事件已经成为任何国家或政府都必须认真对待的重大问题。对国外典型国家突发公共卫生事件应急管理的介绍与分析，为完善我国突发公共卫生事件的应急管理提供了借鉴。

一、国外典型国家突发公共卫生事件应急管理

（一）新加坡突发公共卫生事件应急管理

新加坡作为一个新兴的发达国家，经济发展迅速，在应对突发公共卫生事件方面也走

在了前列，很多做法值得我们学习。

首先，新加坡的法律体系健全，为其后续采取各种应对突发公共卫生事件的行动，提供了有力的法律保障。1977 年颁布的《传染病法》，是新加坡为应对突发公共卫生事件颁布的第一部法律。为给新加坡人民造就更加稳定的公共卫生秩序，新加坡的《传染病法》前后一共进行 44 次增补。这在世界法律史上是前所未有的，没有哪个国家的哪部法律会这么多次修订，足可以见新加坡对于应对突发公共卫生事件的重视。《传染病法》是由新加坡政府各部门及其他政府机构、合作伙伴、相关方共同参与制定、实施的，并定期进行评估、修订那些不合理的规定，从而保障在遇到突发公共卫生事件时能有效协调。新加坡还制定了诸多附属立法，详细规定职责，从而保障《传染病法》能够真正履行。从公共卫生责任的分配，到传染病的预防、发现和研究，到应急反应和治疗，再到后续的审查和问责，新加坡《传染病法》构建起一个完整的法律体系，为新加坡人民造就了稳定的公共卫生秩序。

其次，新加坡政府的管理能力很强，能随着情况的变化灵活机动地应对。在不同的突发公共卫生事件发生后，新加坡政府总能根据不同的突发公共卫生事件的发生，来建立一个临时机构，具有指挥权和领导权，在此特殊时期它的指挥权和领导权至高无上，可以对新加坡的各职能部门进行统一协调，也可以对新加坡的人民群众下达各种指示。例如，在 2003 年非典型肺炎发生后，新加坡在第一时间成立了三级机构：国家应对非典型肺炎应急委员会、专业决策团队小组和非典型肺炎行动委员会。2009 年人感染猪流感大面积传播后，新加坡政府在第一时间成立了关于人感染猪流感应对处理特别委员会，各职能部门和各社会上机构也相继成立了应对人感染猪流感的问题迅速处理小组。2020 年新冠肺炎疫情防控期间，新加坡政府成立了一个专门的抗疫指导委员会，从各个与突发公共卫生事件相关的职能部门抽调精英骨干，由卫生部长、各职能部门的领导讨论共同进行决策。在这三次疫情中，新加坡政府总能随着情况的变化灵活机动地应对，这展现了新加坡政府的管理能力，从而在新加坡被染上传染病的概率非常小。由此可以看出，无论是遇到多么恶劣、多么不确定的环境，只要政府能及时根据环境的变化而及时进行调整，就能很好地应对突发情况，这样的管理方法是非常有效的。

（二）日本突发公共卫生事件应急管理

在法律体系方面，日本拥有一套完善的法律体系，来应对各种突发公共卫生事件，并定期进行完善。日本在 1947 年颁布《灾害救助法》，为了完善内容，紧接着颁布了《灾害对策基本法》，自此为应对各种灾害的对策已经形成体系。随后制定了《传染病控制法》

《新型流感等对策特别措施法》。在2020年新型冠状病毒肺炎发生以后，日本在第一时间修正编订了《关于对传染病进行预防和传染病治疗指导的医疗法律》，并修订新冠肺炎也属于该法律所指的传染病。随后陆续颁布《有关新型冠状病毒感染症的紧急对策》《新型冠状病毒感染症对策的基本方针》《新型冠状病毒感染症相关特别措施法修正案》等。可以看出，经过这一系列颁布法律，日本的法律体系日臻完善，并可根据形势随时调整。

在建立突发公共卫生事件应对体系方面，由于日本是一个四面临海的国家，属于海洋性季风气候，各种自然灾害极容易发生，中央政府建立了一套可以领导整个国家的突发公共卫生事件应对体系，地方政府建立了一套领导本地区的突发公共卫生事件应对体系，这两个体系并不冲突，而是有秩序地协同运行，共同应对各种突发公共卫生事件。日本突发公共卫生事件的实施机构由两个系统组成，即国家公共卫生应急系统和地方卫生应急系统。

在运用科学技术方面，日本也走在了世界的前列。日本不仅研发先进的科学技术，还将先进的科学技术应用到实际中。例如，日本建立一个监测系统，收集之前发生过的各类突发公共卫生事件的详细信息，利用特定的数字模型，经过超级计算机的运算整理，对潜在的风险进行监测；日本还建立一个信息共享平台，日本不断搜集各种突发公共卫生事件的详细信息，分别建立模型，持续不断地优化算法，提前预判将要发展为突发事件的情况，对于可能发展为突发公共卫生事件的事件进行评估，从而为政府相关职能部门提供决策依据。

在专业人才储备、基础设施储备、应急物资储备方面，日本制定了完整的体系。专业人才储备是指专业医疗人员要定期接受应急相关的培训，志愿者也同时对其基本医疗知识、应急相关知识进行培训，专业的医疗人员与接受培训后的志愿者要定期进行演练，组成应急队伍，以备在实际突发公共卫生事件发生时能够从容应对。基础设施储备是指在每个基本行政区域内，建立不少于一家的基础设施完备的专科医院，各种医疗器械齐全，可以在突发公共卫生事件发生时及时接收患者，以防医疗资源匮乏。应急物资储备是指建立各种医药、医用材料等的储备。

（三）加拿大突发公共卫生事件应急管理

在法律制度方面，加拿大颁布了《公民健康法案》，以法律的形式保证公民在遇到健康问题时，可以毫无障碍地享受国家提供的医疗和卫生服务。

在机构设置方面，加拿大在国家一级设立了公共卫生局，由三个司组成，分别是：传染病和应急反应司、健康促进和慢性病预防司、综合服务部。在加拿大，各省和地区政府及其合作伙伴共同承担卫生事件应急管理的责任。省、地区政府有责任在各自管辖范围内开展应急管理工作。

加拿大应对突发公共卫生事件的过程如下：第一，预防和减轻，并努力消除或减少灾害的影响和风险，在灾害发生前采取积极措施。第二，应急准备，主要包括制定应急预案、制定互助协议、制定资源装备清单、制定演练计划等。第三，应急响应，通过紧急公共通信、搜索和救援、紧急医疗援助和后送，减少灾害造成的痛苦和损失。第四，灾后恢复，即在灾后立即采取重建或恢复措施，将灾害损失减少到可接受的水平。

在健康监测体系方面，加拿大有完善的网络体系，如加拿大流感和新呼吸道疾病监测体系，世界公共卫生信息网；食源性疾病监测和暴发预警网络。

加拿大为新冠肺炎提供资金，支持加拿大公共卫生局有关新冠肺炎的宣传和公众教育工作，进一步支持公共卫生准备状态，加强工作分担计划。加强加拿大的研发能力，包括抗病毒药物研究、疫苗开发和临床试验的医疗反应支持。确保个人防护设备的充足供应。

二、国外突发公共卫生事件应急管理经验启示

虽然我们与新加坡、日本、加拿大的国情不同，但仍有部分应对突发公共卫生事件的经验是值得我们学习和借鉴的。可从以下几方面学习：

（一）在各级政府中常设突发公共卫生事件决策指挥部门

我国的应急管理部的职能并未包含突发公共卫生事件方面的应急管理。国家卫健委虽设置有卫生应急办公室，但是只能对卫生系统内部资源的指挥调度。当我国及各级地方政府成立临时疫情防控指挥部之后，通过实行新冠肺炎的应急解决方案取得的结果更有成效，另外能更快速有效的缓解所造成的问题和取得好的结果。像我们的邻国日本、太平洋彼岸的国家加拿大的突发公共卫生事件应对体系中均常设决策指挥机构。统一的决策和指挥系统在重大突发公共卫生事件的应对过程中均能发挥重要作用，所以我国可考虑成立决策指挥部门常设机构。

（二）进一步完善突发公共卫生事件应对的相关法律法规

我国仅仅颁布《中华人民共和国应对传染病防治法》《中华人民共和国突发公共卫生应急管理条例》两部法律，为解决可能发生的各种突发公共卫生事件而提供法律保障，而且这两部法律在颁布后未能定期完善并更新内容。而日本、新加坡政府均能在紧急情况时及时更新完善法律。因此，我国要想加强突发公共卫生事件应对体系建设，需要进一步完

善相关的法律法规。

（三）提前制定应急响应预案并不断补充完善

对于解决可能出现的各种突发公共卫生事件，不仅要提前制定应急响应预案，还要定期根据局势的发展而进行不断补充，从而使得应急响应预案能够真正解决问题，而不是摆设。应急响应预案可以及时指导、有效的应对突发公共卫生事件。在预案制定方面，发达国家日本就能够及时根据疫情防控要求，及时更新应急响应预案。而我国的国家突发公共卫生事件应急预案是在 2006 年制定的，已经无法适用现在的形势。但是我国在这次新冠疫情发生后，虽然前期有很多做法不妥，但后期还是制定了很多在我国取得好的效果的解决方案，我们可以加以进行整理，找出这其中好的做法和不好的做法，为进一步提出更加有效、更加科学的应急响应预案提供思路。

（四）改造提升现有的应急保障制度

对现有的应急保障制度进行改造提升，使其更加条理，从而更快地调整、更好地运行。中国政府在本次面对新冠疫情的过程中，应急保障制度在很多方面展现了其不同于世界其他各国的优势，劣势也被展示出来。优势如下：我国有着号称“世界工厂”的完备基础设施的工业生产能力，只要政府有需求号召，企业就能马上开足马力投入生产，工厂员工也愿意放弃假期投入工作。财政部门通过加大对于社会各种资源的支持力度，增加参与综合应急保障的力度。劣势如下：我国卫生应急部门没有很好地实施防护物资储备计划，红十字会已经无法更好地满足现代应急管理对于大量物资统一调配和管理的要求。日本在建设应急保障体系方面有很多举措值得世界其他国家学习。我们国家也应该多多学习，对这次新冠肺炎疫情工作进行总结，找出应急保障体系在哪些方面还存在不适用或者解决问题效率低等情况。

第四节　突发公共卫生事件应急管理的有效措施

一、建立健全卫生应急监督与评估机制

科学化与合理性的应急监督与评估机制应该贯穿于整个突发公共卫生事件，主要包括卫生事件事前评估、危机事中应对评估以及事件事后评估三个环节。卫生事件事前评估是

指前期的各项准备机制和需求评估，评估的对象和内容主要包括卫生预警和预案、卫生人才的储备和培训、应急演练和教育、设备物资和经费的投入等方面，充分做好各项准备措施，一旦发生突发公共卫生事件，可以有效和针对性应对。危机事件中应对评估是指对于应对措施和方法、投入资源和处理效果进行绩效评估和测量，既对卫生事件的仪器设备投入、物资经费的花费以及时间控制的效果等进行衡量，也对卫生专业人员的培训技巧和效率、处置得当与否、专业技术能力等进行评测，主要针对的是突发公共卫生事件的性质和特征、造成的损失和危害、已采取的应急策略和投入产出情况、发展态势和趋势。事件事后评估指对应急处理以后的工作情况进行反馈和总结，汲取经验教训，吸纳有益做法，整改偏差行为，对于预警和预案的实现程度、应急处理存在的问题和对策分析、应急技巧和手段的科学性、社会影响和危害程度等进行评估，所有评估的最终目的就是为下一步的工作提供相关依据和借鉴，防止类似错误行为的发生，确保未来工作的效果、效率和效益。

二、广泛动员和调集社会资源

突发公共卫生事件的应对和处理不仅仅需要政府机构和卫生行政管理部门的统筹负责，还需要充分发挥社会力量的广泛参与和支持。公共卫生应急管理体系的完善和健全需要不断吸引社会资源的支持和配合，吸纳社会资金和物资投入，共同应对卫生应急工作。

首先，要制定激励化的政策措施引导志愿者投身卫生应急救援工作中，通过立法和规章的形式促成卫生应急志愿机构及组织的建立，加强志愿组织、培训、演练和教育工作。其次，充分利用相关政策和制度，鼓励民间资本和力量参与卫生应急救援，依托市场资源进行调配，开拓卫生应急服务市场。

三、提高各项认识和完善应对机制

进一步健全和完善突发公共卫生事件应急管理机制是一个复杂的系统工程，是一项长期推进和不断深化的工作。在全方位剖析和总结应急管理机制现存问题和面临困境的前提下，基层卫生行政管理机构、卫生医疗机构及疾控部门应对突发公共卫生事件中存在的问题也并非能在短期得以解决，有许多问题还需要认真思考，地方政府如何建立和完善科学化、合理化的应急管理体制，如何随着突发卫生事件的发展变化调整应对机制，如何构建多部门的联动应急体系以及卫生应急监控机制，如何在应对突发卫生事件中各个参与组织形成良性运行机制问题等，还需要在应对突发公共卫生事件中不断地发现问题，解决问题。

四、加强突发公共卫生事件应急管理机制

（一）构建高效、统一、健全的应急组织体系

指挥系统的集中领导、高效运转、统一调度是突发公共卫生事件有效应急的重要保障。一些先进国家如美国是以总统和国家安全委员会的应急办公室为核心，联合卫健委、联邦应急管理局、生态环境局、国防部、联邦调查局、能源部组成国土安全部，形成决策、信息、执行和保障四大运作系统，使得美国当前的突发事件预警与应急管理能力在全球首屈一指。建立健全指挥系统的重点是依法建立政府领导下的跨部门合作机制。我国应借鉴先进国家的经验，建立一套完备的行政指挥系统去应对突发公共卫生事件，进一步加强卫生应急组织体系建设，横向到边，纵向到底，并落实人员、明确职责，完善相关规章制度和各级各类卫生应急预案体系，建立健全卫生应急指挥协调、疫情信息网络、疾病控制、医疗救治、卫生监督等多部门协作的防范体系和协调配合的卫生应急工作机制，保证突发公共卫生事件应急处置指挥有力、协调良好、控制有效。并进一步完善突发事件应急评估体系建设，全面巩固和提高突发公共卫生事件的综合应对能力和恢复能力。

（二）构建及时准确的监控预警信息系统

完善的监控预警信息系统是公共卫生体系必不可少的重要组成部分。一些发达国家，如日本充分应用移动、无线射频识别、临时无线基站、网络技术等各种先进的通信科学技术，构建起高效、严密、适合国情的包括防灾通信网络和专用无线通信网在内的应急信息化体系。我国一些地区如哈尔滨市与科技公司及测绘部门合作研发构建了公共事件应急指挥决策系统和应急指挥地理信息系统，取得了较好的效果。我国应在现有的监控预警系统的基础上，借鉴发达国家的经验，结合本国本地区的实际情况，有计划、有重点、分步骤地构建适合区域特点的、敏感的、高效的预警应急系统，加快卫生应急指挥系统建设进度，力争尽快实现省和地市应急指挥系统的全面对接和互通，提高突发事件应急处理效率和水平，并加强对预警监测人员的培训，提高其业务能力，提高监测预警的及时性、有效性和真实性。加强信息网络建设，充分利用现代化信息技术和现有的信息网络资源，将突发事件应急处理网络建设纳入城市公共安全信息共享网络系统，形成集指挥协调、现场监控、预测预报、医疗救治、物资储备等功能于一体，横向和纵向相互连通的应对突发事件的电子信息网络系统。在突发公共卫生事件应急处理过程中，还要加强与新闻媒体的沟通，充分利用新闻媒体的力量，有目的、有针对性地控制信息源和传播渠道，为突发事件

控制营造良好的社会环境和舆论支持环境。

（三）培养高素质应急队伍，搞好应急应对训练

各级卫生行政部门及医疗卫生机构应加强突发事件应急处理专业队伍的建设、培训和演练，提高应急管理人员的知识水平和应急决策能力，培养一支素质过硬、能力突出的应急管理队伍。特别是现场急救、流行病学、检验、卫生监督执法、危机沟通和健康教育专业队伍。面对公共卫生人员不足、素质不够高的局面，要制订人才引进计划，采取切实有效的措施引进高层次公共卫生专业人员，充实应急队伍，并对现有工作人员进行专业培训、学历教育，尽快提高他们的专业素质和工作水平。同时，加强应对各类突发事件的演练力度和频度，提高应急队伍的救治水平和反应速度，培养高素质、复合型的卫生应急梯队，以适应各种复杂情况下处置突发公共卫生事件的需要。

（四）建立健全保障体系

充足的资金和物资是应急管理工作成败的前提和重要基础。各级政府应按应急工作的要求，保证应急设施设备、救治药品和医疗器械等物资储备，并建立起完善科学合理的应急物资储备、配送和调运机制。在应急资金方面，政府应加大对公共卫生的资金保障力度，将公共卫生事业经费纳入同级财政预算，通过实施灾害保险和建立政府应急基金及由政府临时增拨应急经费的方式来实现应急管理资金的到位，还可通过接纳社会捐助来弥补应急经费的不足。逐步完善公共卫生的补偿机制。各级财政部门要按规定落实相关的财政补助政策，及时拨付有关资金，确保应急管理工作有充足的资金和物资保障。

（五）加强应急实验室和紧急医学救援基地建设各级卫健委要适时进行评估

取长补短共同提高。演练结束后，要进行科学的绩效评估，组织专家对各环节进行点评，针对存在的问题有的放矢地改进提高，以实现锻炼队伍、检验应急预案和提高应急处置能力的目的。

（六）信息管理和预警

按照《突发公共卫生事件与传染病疫情监测信息报告管理办法》《国家突发公共卫生事件相关信息报告管理工作规范》要求，加强疫情监测和突发公共卫生事件的预测评估，充分发挥“突发公共卫生事件管理信息系统”的管理平台作用，按照信息报告内容、程序和时限要求，专人负责做好突发公共卫生事件相关信息的业务管理、网络直报和审核工

作。将突发公共卫生事件信息监测网络覆盖至辖区内的卫生行政部门和各级各类医疗卫生机构，并积极向乡镇、村和社区的卫生服务机构延伸，扎牢应急信息网络的网底，实现突发公共卫生事件的基层网络直报和实时动态监控，对突发公共卫生事件实现实时有效的预警，为卫生行政部门第一时间掌握事件信息和动态，及时采取防控措施提供科学依据。

（七）应急物资储备

基层疾控机构的应急物资储备，应按照《卫生应急队伍装备参考目录》要求，以传染病控制类装备为主，根据实际情况和条件适当兼顾其他种类装备，采用实物储备、合同储备和资金、信息储备相结合的方式，合理确定应急物资储备种类、数量，建立健全应急物资动态储备管理制度，提高卫生应急物资保障供应的时效性。

（八）检验技术储备

疾控机构的实验室负责突发公共卫生事件现场所采集各类样品的检测检验并及时为现场调查处置提供检验检测依据。在目前突发公共卫生事件种类繁多，特别是不明原因突发公共卫生事件逐渐增多的情况下，必须不断提高实验室的技术支撑能力，为查明突发公共卫生事件原因和采取防控措施提供科学依据。基层疾控机构不仅要按照《省、州、县级疾病预防控制中心实验室建设指导意见》加强实验室硬件设施的投入，同时要通过实验室质量管理体系的建设加强人员培训，积累和储备检验方法，提高应急检测能力。同时，还要注重参与网络实验室的建设，加强与其他机构和部门实验室的联系和合作，必要时及时请求保证和支持，实现资源共享和提高检测效率。

参考文献

[1] 马宝成. 应急管理体系和能力现代化 [M]. 北京：国家行政学院出版社，2022.

[2] 连会青，郑贵强. 自然灾害应急管理概论 [M]. 北京：应急管理出版社，2022.

[3] 寇建琼，刘庆芬. 突发公共卫生事件应急处置护理手册 [M]. 昆明：云南科技出版社，2022.

[4] 马宝成，张伟. 中国应急管理发展报告 2022 [M]. 北京：社会科学文献出版社，2022.

[5] 夏庆刚，刘文菁. 应急安全知识手册 自然灾害 [M]. 青岛：中国海洋大学出版社，2021.

[6] 黄剑波. 应急管理与安全生产监管简明读本 [M]. 长春：吉林人民出版社，2020.

[7] 李亦纲. 灾害事故应急管理 [M]. 应急管理出版社，2020.

[8] 范从华. 突发公共卫生事件理论与实践 [M]. 昆明：云南科技出版社，2020.

[9] 戚建刚. 中国行政应急法学 第 2 版 [M]. 北京：清华大学出版社，2020.

[10] 李喜童. 政府治理与应急管理 [M]. 兰州：甘肃人民出版社，2018.

[11] 黄宏纯. 突发事件全面应急管理 [M]. 北京：北京理工大学出版社，2018.

[12] 李燕芳. 自然灾害与应急管理研究 [M]. 北京：经济日报出版社，2017.

[13] 张晓玲. 突发公共卫生事件的应对及管理 [M]. 成都：四川大学出版社，2017.

[14] 朱凤才，沈孝兵. 公共卫生应急 理论与实践 [M]. 南京：东南大学出版社，2017.

[15] 李栋，周静茹. 突发事件预防与处置实务 [M]. 北京：中国政法大学出版社，2016.

[16] 杜慧，刘璐，黎飞. 行政法学 [M]. 延吉：延边大学出版社，2016.

[17] 江利红. 行政法学 [M]. 北京：中国政法大学出版社，2014.

[18] 孙梅. 危机管理 突发公共卫生事件应急处置问题与策略 [M]. 上海：复旦大学出版社，2013.

[19] 裴宗广. 地质灾害 [M]. 郑州：河南科学技术出版社，2013.

[20] 王宝明，刘皓，王重高. 政府应急管理教程 [M]. 北京：国家行政学院出版社，2013.

［21］吴淑娴．应急管理理论与实务［M］．武汉：华中师范大学出版社，2010.
［22］林鸿潮．公共应急管理机制的法治化［M］．武汉：华中科技大学出版社，2009.
［23］王宏伟．突发事件应急管理：预防、处置与恢复重建［M］．北京：中央广播电视大学出版社，2009.
［24］张乃平，夏东海．自然灾害应急管理［M］．北京：中国经济出版社，2009.
［25］万明国，王成昌．突发公共卫生事件应急管理［M］．北京：中国经济出版社，2009.
［26］李树刚．灾害学［M］．北京：煤炭工业出版社，2008.
［27］陈锦治，王旭辉，杨敬，余万春．突发公共卫生事件预防与应急处理［M］．南京：东南大学出版社，2005.
［28］李学举．灾害应急管理［M］．北京：中国社会出版社，2005.
［29］张文艳，王琳．突发公共卫生事件下基层治理能力提升研究［J］．河北开放大学学报，2023，28（04）：51-54.
［30］高婉莹．突发公共卫生事件中的行政机关职责［J］．百科知识，2023（06）：25-26.
［31］李亚鸽．我国行政应急权监督完善路径探析［D］．广州大学，2023.
［32］陈曼妮．整体性治理视域下突发公共卫生事件应急管理研究［D］．电子科技大学，2023.
［33］王雪聪．突发公共卫生事件行政应急权研究［D］．贵州大学，2023.
［34］高蕾．行政应急性原则研究［J］．社科纵横，2022，37（03）：84-90.
［35］陈露．突发公共卫生事件下行政应急制度研究［D］．吉林大学，2022.
［36］潘琼．贵州省政府地质灾害应急管理能力提升对策研究［D］．哈尔滨商业大学，2022.
［37］王玮．山东省突发公共卫生事件应急管理研究［D］．山东财经大学，2022.
［38］于品爱．突发公共卫生事件的行政应急程序研究［D］．沈阳师范大学，2022.
［39］于子峰．突发公共卫生事件应急决策法治原则适用研究［D］．内蒙古科技大学，2022.
［40］王帆．行政应急管理体制的建构［D］．四川师范大学，2012.
［41］刘莘．行政应急性原则的基础理念［J］．法学杂志，2012，33（09）：7-13.